DE LA MÊME AUTRICE

FENÊTRE SUR L'ABÎME, Éditions de La Différence, 2008.

ASSOMMONS LES PAUVRES !, Éditions de L'Olivier, 2011. Prix Eugène-Dabit du roman populiste 2011, Prix Valery-Larbaud 2012, Internationaler Literaturpreis 2016.

CALCUTTA, Éditions de L'Olivier, 2014. Prix du rayonnement de la langue et de la littérature françaises, décerné par l'Académie française, 2014, Grand Prix du roman de la Société des gens de lettres 2014.

APATRIDE, Éditions de l'Olivier, 2017.

LE TESTAMENT RUSSE, Éditions Gallimard, 2020.

L'AUTRE NOM DU BONHEUR ÉTAIT FRANÇAIS, Éditions Gallimard, 2022.

SOUVENIRS DE CES ÉPOQUES NUES

Plonger au fond du gouffre, Enfer ou Ciel, qu'importe ?
Au fond de l'Inconnu pour trouver du nouveau !

BAUDELAIRE, *Les Fleurs du Mal*

Il ne neigera pas cette année.

Le froid est sec et cassant. L'odeur du feu de bois remplit lentement l'air du soir, titille la fraîcheur échappée de la végétation.

Là, sur le seuil, entre le dehors et le dedans, entre la peau nue de la ville et les foyers emmitouflés, Sophia se tient debout sur le balcon, renverse la tête en arrière, inspire, ne veut pas laisser l'air sortir de son corps.

Sur les contours dentelés des maisons d'en face scintillent les décorations en LED. De leurs intérieurs lui parviennent des rires, des voix graves et légères, parfois une note de piano.

Sophia pense aux repas de Noël auxquels elle ne sera pas conviée.

Elle pense à sa mère. Morte l'année de sa retraite de la boutique, à l'époque une retoucherie, avant de la léguer à Sophia, lasse, dissimulant à peine sa crainte quant à l'avenir du commerce des bibelots fantaisie.

Elle pense à son père qu'elle n'a pas connu. La légende

familiale attribue à sa mère une escapade amoureuse fulgurante avec un Grec, ouvrier immigré engagé au chantier de la ville à l'époque. Sur quoi la principale intéressée a toujours préservé un sourire mystifiant, l'autre : présumé imaginaire. À chaque âge, le vide a pris une forme différente, forgée au gré de colère, douleur, chagrin, curiosité et regret. Désormais la sidération. Le gel. L'idée du *père* enfouie dans le congélateur chez Picard, aucune envie d'y plonger la main.

Les ampoules LED brillent, clignotent, Sophia pense à ses amies. Claire avec son mari et leur nourrisson entourés de beaux-parents. Julie en camping écolo avec son nouveau petit ami. Elle s'est fâchée avec Marie-Lou, à cause d'une plaisanterie pas au goût de la jeune croyante, virulemment contre l'émoji Jésus-Christ.

Sophia a faim mais, les coudes appuyés sur la balustrade, elle reste immobile parmi ses plantes.

Le dernier bilan de son commerce était désastreux. Les dettes auprès de la banque et d'autres organismes financiers lui donnent des cauchemars. Les sacs à main en jute et en toile parés de slogans espiègles, les bijoux fantaisie, les objets déco en canettes et en bouteilles recyclées n'ont visiblement pas séduit la clientèle de la petite ville de province. Les femmes entrent dans sa boutique, lui posent un tas de questions, émerveillées, mais n'achètent jamais rien. Elle a vendu un peu la série de dessins érotiques encadrés. Puis l'autre jour un type lui a demandé s'il était possible de se faire dessiner nu. Prêt à payer. Les dessins étaient faits par un ami. Laurent touche l'allocation-chômage, couche de temps en temps avec elle et dessine. Il se dit polyamoureux. Personne n'est amoureux de lui. Lui n'est amoureux de personne. La question de passer ensemble les fêtes de fin d'année ne se pose pas, il est chez ses parents, ou ailleurs, Sophia n'en sait trop rien.

Autrefois, il suffisait de descendre le boulevard, l'après-midi inondée de lumière d'hiver, l'amoureux l'attendait au café, l'embrassait, et tout recommençait. L'amour était un mouvement de danse, la parfaite coordination des corps à chaque pas, à chaque geste, le regard cueilli par le regard, la bouche prête, entrouverte, qui se souvenait toujours. Il est difficile de dire à quel moment précis elle a perdu la souplesse. Une première erreur de casting. Ce qui lui avait semblé une idée géniale était une erreur. Pour la réparer, ce qu'elle a fait était une nouvelle erreur. Traumatisme et perte de vue partielle. Strabisme érotique. Incapacité à fixer une cible. Des décisions hâtives, expéditives. Un cœur sans emploi depuis trop longtemps, le célibat a rouillé ses articulations comme l'arthrose précoce. Rien ne sonne juste depuis, ni ce qu'elle dit, ni ce qu'elle entend.

La soirée avance. Sophia a des fourmis dans les jambes. Elle pense à comment se faire tuer sans se faire mal. L'important n'est pas le *pendant* mais la *suite*. Qui s'occupera de son corps ? Les pompiers ? Les pompes funèbres ? La mairie ? Ses amis pleureront, lui en voudront aussi probablement d'être lâche, égoïste, de briser le rythme, d'amputer un membre. Boiteuse, l'amitié, pour le reste de leur vie.

Sophia pense à sa mort comme les autres pensent à

leurs vacances. Elle veut éviter la violence, la laideur, les coups de serpillière. Une fin en satin blanc, dans un sommeil voluptueux, en apnée dans l'azur profond. Elle veut monter sur une barque en attendant que les flèches de feu soient lancées sur elle par des gens dont elle ne verra pas les visages, pour disparaître avec la brume. Elle veut qu'une cigogne la porte à son bec et la redépose au lieu initial.

C'est une de ces soirées où elle aurait envie de parler à ses plantes, à l'abeille piégée, à l'araignée rouge qui tisse sa toile derrière les pots. La solitude l'enveloppe comme de la résine. Non seulement une main, mais le corps entier figé et sculpté en un objet de décoration amateur, DIY pour les filles fauchées, au goût douteux. Elle s'en arrache et rentre dans le salon. Elle est si affamée que les spaghettis à l'huile d'olive lui semblent succulents. Une pincée de sel et elle en est presque reconnaissante.

Maintenant, il faut passer aux choses sérieuses. Compter les objets de la maison. Les vêtements d'abord. Ceux qu'elle porte. Ceux qui préservent la chaleur de son corps, le parfum des saisons, les souvenirs enchantés. Les autres pliés, rangés, sans histoires, presque inconnus. Les chaussures. Les livres. Lus, relus, fatigués, dont elle connaît l'emplacement exact sur la bibliothèque sans regarder. D'autres laissés pour des jours plus propices. Les meubles. Chambre. Salon. Salle à manger. Couloir. La vaisselle. Les appareils. Les tiroirs et les placards. Moules à gâteaux, moules à cupcakes, à glaces, à bâtonnets et à cônes. Autant de réceptacles délaissés. L'arôme vanille ne cache pas l'odeur du caoutchouc triste.

Batteries, clés, crayons, carnets, flacons, tubes, paquets, cartes-cadeaux, échantillons de maquillage desséchés.

Affaires en piles, armoires et placards pillés, plus de place sur le parquet, Sophia a le tournis. Malgré l'état menaçant de sa boutique, elle a réussi à dépenser tant d'argent ! Elle en utilise combien, de ces objets ? Elle se débrouille chaque jour avec un dixième de ce qu'elle possède. Au centre de cette usine à l'envers de consommation, de cette déchèterie au ralenti, se trouve sa collection de vernis à ongles. Un geste brusque et les voilà fracassés contre le sol.

Bordel de bon sang ! Sophia descend du tabouret et manque de peu de glisser sur l'atlas bariolé translucide qui coule lentement, s'accroche au parquet.

Rien de plus superficiel, plus pathétique que *l'art* d'ongle. Peinturlurer les bouts de croissance à l'extrémité du corps, les rallonger, épaissir, y dessiner des rayures, points, étoiles, ombres, confettis, chats, chiens, crânes, cœurs, gratte-ciel et shopping malls, tours de victoires, châteaux et palais, civilisations entières au bout des doigts, les enlever ensuite, recommencer. Plus c'est beau plus c'est dégueulasse. C'est la quintessence de la société consumériste, le comble de l'inutilité. Un litre de vernis peut couvrir combien de murs ?

Sophia cherche un symbole, un sens à ses agitations du soir. Elle en a marre. Elle ouvre plusieurs sacs-poubelle. Elle veut réduire sa vie au degré zéro. Elle se positionnera au centre, touchera en diagonale la périphérie, fera un cercle autour du silence. La solitude ? Elle la domptera, en fera épanouir le lotus de la paix.

Sophia a une épiphanie, mais ce n'est pas que grâce à sa lecture des blogs spirituels. La bouteille de sauvignon blanc y est pour quelque chose. Toujours est-il que Sophia trie, jette, remplit, attache les ficelles, satisfaite.

La semaine suivante, son appartement de location sous-loué à un jeune couple, boutique fermée, volet baissé, Sophia comptera ses sous, reverra sur la plateforme de streaming *Bouffe, baise, prie*, fera ses valises et achètera un billet aller simple le moins cher pour la mégapole à l'autre bout de la planète.

À la Grande Gare, parmi les vendeurs à la sauvette, parmi les étals de fruits et légumes, magazines porno, lingerie féminine et chargeurs pour smartphones, Sam attend sur le quai le train. Son short est trop large pour ses jambes osseuses, il manque quelques boutons à sa chemisette, ses pieds nus sont aussi sales que le sol, il se gratte de temps en temps les coudes couverts de gale. Son visage d'adolescent est beau comme une feuille fraîche, pleine de sève.

L'après-midi est lourde, poisseuse. L'odeur de la pluie de tout à l'heure a voilé les puanteurs habituelles de pisse, tabac et détritus. La foule dispersée court dans tous les sens, saute sur les rails, les traverse pour grimper sur le quai de l'autre côté, s'accroche aux portes des trains bondés qui quittent déjà la gare. Sam attend toujours.

Il finit par arriver. La jeune femme descend du train, trentenaire, voûtée légèrement sous le poids d'un sac à dos et tirant une grosse valise en tissu boursouflée, l'air perdu, fatigué, mais tendu d'anticipation. Sam ne voit pas les traits de son visage ni de son corps, il est ébloui par la blondeur poudreuse, scintillante sous le soleil. Elle est une des milliers de personnes venues de l'Occident pour poursuivre sa quête spirituelle, pour boire de l'eau bénite, se baigner dans le Fleuve sacré, se nourrir des offrandes et des paroles saintes du Guru.

Sam est là pour l'emmener auprès de l'hôte de l'Ashram, lui trouver un logement en attendant qu'elle soit acceptée au sein du site religieux, la mettre sur la liste des clients du restaurant. En échange, il espère gratter un peu d'argent, un billet ou un repas en guise de commission.

— Sophia.

— Sam.

Ils ne se serrent pas la main, ne font pas de *namasté*, ils se regardent et décident de se faire confiance par un hochement de tête.

Sophia le suit de près. Sam fend la foule, laisse derrière lui le grand hall, les couloirs vers les quais et les bureaux aux portes vitrées. Il marche vite et lui pose deux ou trois questions. Les mots des routards, les mots importés, les mots qui circulent dans la Gare et dans les trains, restent suspendus dans l'air avec la poussière et l'odeur du diesel. Peu loquace, Sophia acquiesce en monosyllabe, sourit vaguement pour ne pas paraître rude, dévore tout du regard. Sam tourne à gauche, fait un signe de tête à sa compagne de route, entre dans un passage et soudain l'obscurité les engloutit. Sam s'appuie sur le mur de côté, lui conseille de l'imiter, de rester prudente. Les voilà devant les marches qui descendent.

Au fur et à mesure qu'ils avancent, l'odeur verte et âcre

de moisissure, étrangement mêlée d'effluves d'épices et de savon, envahit leurs narines. À la fin des marches, la lumière réapparaît. Devant eux s'étale une colonie souterraine. Une ville dans le ventre de la ville.

De petites tentes sont plantées tout le long des murs des deux côtés. L'espace ici est large, comme une cour, d'où partent plusieurs autres chemins étroits dont on ne voit pas la fin. Ensemble, les tunnels souterrains forment un labyrinthe, habité, animé, presque égayé. Logements pour les mendiants, prostituées, femmes de ménage, chauffeurs de pousse-pousse, ouvriers d'autres régions, venus travailler à la mégapole. Ceux qui n'ont pas assez d'argent pour payer un logement dans la ville, pour vivre là-haut, sur la surface de la terre, creusent les tunnels, descendent plus bas, vers le cœur noir et calciné de la terre. Ils sont des exilés dans leur propre pays, des exilés souterrains, les damnés privés de soleil et d'air. La nuit éternelle est leur unique saison.

Sam fait un signe de la main à Sophia. Il faut traverser l'endroit pour aller à son nouveau logis. Un raccourci pratique. Elle n'ose pas sortir le mouchoir de la poche. Elle a la nausée, les fumées lui brûlent les yeux, elle sent les regards des gens la râper de la tête aux pieds.

Des rouleaux de plastique font office de toit, de vieux saris pendus à des cordes en guise de murs, le sol bétonné adouci par des chiffons, de vieux journaux, des sacs en jute. Les sandales posées à l'entrée marquent le début de l'intimité. Çà et là les enfants penchés sur des papiers et manuels scolaires gribouillent quelque chose, récitent à haute voix et parfois soudain éclatent de rire. D'autres jouent et rampent au sol, tirent la queue des chiens galeux, grimpent dessus, au milieu des marmites posées sur les fours faits de brique et d'argile. Quelques ustensiles cabossés en aluminium et en émail, des bidons d'essence remplis d'eau complètent ces cuisines secrètes. Les femmes qui n'ont pas été embauchées comme ouvrières ou bonnes, s'affairent, se brossent les cheveux et tuent les poux entre copines, allaitent leurs nourrissons, houspillent leurs gosses qui crient et courent, leur mettent des raclées quand il le faut.

La ville grouille quelque part, bien loin, au-dessus de leurs têtes. Dans des gratte-ciel, maisons, cafés, restaurants, boutiques et bazars. Les bus et les trains scient la peau de la ville, faisant résonner cet espace caverneux. Le sol des autres est leur toit. S'ils se mettaient tous debout et touchaient ensemble de leurs mains le plafond en béton, on pourrait croire que ce sont eux qui soutiennent la ville, l'empêchent de s'effondrer.

C'est un pays caché au fond du pays. Ni un territoire géographique, ni politique. Un pays comme dans un rêve, dans un cauchemar floué. Un champ de possibilités, sans limites, sans frontières. Jusqu'à ce que les tunnels deviennent des impasses, se heurtent contre les murs, se plongent dans l'eau d'égout, et que les rats montent vers les hommes.

*

Sam vit seul. Orphelin, délaissé à sa naissance, sauvé par une vieille, mendiante à l'époque, décédée il y a quelques années, il circule aussi bien dans les tunnels que dans les rues de la ville. Survit grâce aux petits boulots. Nettoie les vitres, voitures, trottoirs. Transporte les sacs de provision des épiciers, les valises des touristes, les courses des vieux du quartier. Fait le messager pour les chefs du chantier, les ouvriers et les putes. Et pour l'Ashram.

La plupart des résidents, ici, vivent au sein de leur famille grandissante. Les autres, arrivés seuls, tissent les liens d'amitié, d'amour, de désir et de dépendance. Ils vivent dans leurs cercles de survie. Leur colère, douleur, désespoir se formulent, agitent la zone, se dissipent au goût de l'alcool fétide, en un éclat de rire moqueur. Ou dans une bagarre soudaine comme un match de boxe, de catch, amateur, gueulard, qui les laisse à court de souffle, parfois ensanglantés, vidés de tout sens.

On ne naît pas immigré, on le devient. Ces hommes et ces femmes n'étaient pas des immigrés à leur naissance, ils le sont devenus. Ils ont quitté leurs maisonnettes à la campagne, vendu leurs petits terrains, leurs vaches et leurs chèvres, ils ont ramassé le peu d'argent qu'ils pouvaient ramasser et, le courage comme du charbon brûlant dans le crâne, ils sont arrivés ici, à la mégapole. Quand ils étaient au point de crever, au point de mourir, de faim, de crainte, de honte, ils sont partis en voyage.

Ils savent que ce sera ainsi et pas autrement. Se rebeller est peine perdue. La ville se métamorphose. Le pays émerge. Se pare de décorations, de volupté et de luxe. La nouvelle génération saura peut-être sortir de ces tunnels, monter à la surface et y rester pour vivre. En attendant, ils boivent un dernier coup de gnôle.

*

Ils en sortent enfin, reviennent à la surface de la ville. Sam emmène Sophia à son Hôtel. Elle se demande si ce chemin en guise de raccourci n'était qu'une ruse de Sam pour lui montrer sa tanière. Mais elle n'en voit pas l'intérêt.

L'Hôtel possède un restaurant au rez-de-chaussée. Les ouvriers et les chauffeurs y prennent leur repas du jour. Ou du soir. Munitions avant ou après le travail. Le patron lui-même tient l'accueil. Il dévisage Sophia rapidement et sans gêne. Sarouel de couleur indéfinissable, tee-shirt, écharpe, bracelets en perles de bois et en coquillages, grosses sandales en caoutchouc, valises modestes. Seule sa chevelure dorée, en cascades bouclées lui entourant le visage, tombant jusqu'à la poitrine, lui donne l'air d'une reine. Déchue. Épuisée. Mais certes altière.

Le patron lui donne la clé d'une chambre au premier étage. Elle file un billet local de cinquante à Sam. Ça fait pour elle tout juste cinquante-huit centimes en euros. Sam est ravi. Il lui promet de prendre bien soin d'elle, de lui rendre service à tout moment, il suffira juste de demander à l'Hôtel.

Sophia s'installe dans la chambre. Murs bleus, volets verts, lit en bois noirci, parure en coton imprimé multicolore. Décor conforme aux images aperçues tant de fois dans des revues et des films. Les yeux réconfortés. Le corps détendu. Elle peut enfin s'allonger après son long voyage.

Elle est soudain consciente qu'elle est seule dans un pays qui lui est complètement étranger. Ni Laurent, ni personne pour lui tenir compagnie.

Penser à son ami lui donne envie de sucer les champignons. Les mâcher longuement, planer, puis avaler la salive brune.

De sa chambre d'Hôtel, elle observe ses nouveaux voisins, voisines. Ils s'affairent sur le trottoir et la rue. Quelques rares vieux et vieilles, la plupart sont jeunes, maigres, osseux, mais vaillants, agiles, débrouillards. Un ou deux hommes lui lancent des regards. Curieux, amusants, aguicheurs. Ils savent qu'elle est seule. Elle vivra ici seule pour un long moment. Elle a de l'argent. Assez pour voyager, payer ses repas, ses bouteilles d'alcool, et peut-être pour inviter un homme, une ou deux fois par mois. Elle est blanche, blonde, elle est belle, ça en vaudrait toujours la peine, ils peuvent le lui faire pour un sourire, ils peuvent même en devenir accros. Ça peut être même chouette.

Sophia les observe et mâche les champignons imaginaires.

Elle est dans l'instant qui précède tous les autres instants à venir. L'anticipation lui crispe le ventre.

La misère est une prison. On y couche avec qui on peut pour survivre, tant qu'on peut survivre.

Le voyage est une parenthèse. On y couche avec qui on veut pour vivre, tant qu'on a l'impression de vivre.

Sam reviendra plus tard dans la soirée pour la mettre en relation avec l'Ashram. Sous ses paupières lourdes de sommeil, le corps de l'adolescent, le visage beau et frais deviennent flous, se mêlent avec les corps des hommes autour de son Hôtel, ondulent ensemble comme des vagues de couleurs, tombent en confettis, scintillent, brillent, l'emmènent vers l'oubli profond, tandis que le soir tombe en poussière sur la ville.

Les résidents du quartier B/21 vivent une expérience inédite. Une étrangère s'est installée parmi eux. Elle fait ses courses à leur épicerie, étale son linge sur la terrasse de l'Hôtel, mange au restaurant du coin avec les doigts. Ils lui cèdent le passage dans la rue et à la pompe à eau. Les femmes la regardent ébahies, tout en vénération, tout en sourire. Les hommes sont prêts à lui rendre service. Lui apporter ses courses, appeler un taxi, remplir ses bidons d'eau potable. La première semaine, ils sont restés agglutinés en bas de sa fenêtre. S'ils arrivaient à attirer son attention, ils sifflaient de joie.

Les vétérans fortunés s'en offusquent. Jusqu'ici la ligne rouge entre les *respectables* et les *ploucs* était bien définie. L'étrangère brouille les pistes. Fait outrage aux bonnes mœurs. Elle n'est pas une chose exotique, exquise pour eux. Juste une *Blanche,* sans famille, sans fortune. Paumée. Elle sort à tout moment, parle à qui elle veut, achète des bouteilles d'alcool, et même si on ne la voit jamais en compagnie d'un homme, c'est électrique autour d'elle, prêt à faire des étincelles. Depuis son arrivée, les jeunes se pavanent dans le quartier le torse bombé, fiers comme d'avoir fréquenté une star.

Sophia ressent les vagues autour d'elle. Elle se rappelle les sages paroles de sa grand-mère : *Il faut être irréprochable. Il ne faut pas être sur la langue des autres.* C'est vrai. Mais il est difficile de ne pas être sur la langue des autres quand on leur a tapé dans l'œil. Le devoir moral est un devoir au féminin.

Sophia compte les jours. L'Hôtel est un passage. Le quartier est un pont. Son salut se trouve de l'autre côté des choses. Sa bourse ne lui permet que ce qu'il y a de moins cher sur le marché. Les ashrams à cinq étoiles, à l'architecture minimaliste ultramoderne, dotés de discothèque, spa, sauna, piscine – ce n'est pas pour elle. Là où Sam l'emmène fera bien l'affaire. Elle cherche à être avec elle-même, n'importe quel cadre sans parasites externes devrait lui convenir. Autrement, elle fera demi-tour, qu'est-ce qu'elle a à perdre.

*

En attendant, elle se promène dans des marchés et des shopping malls.

Les maraîchers lui font cadeau de salade, herbes aromatiques, piment et citron. Ils tâtent les fruits et lui choisissent les meilleurs. Lui apprennent comment manger une mangue sans l'éplucher, en faisant un trou sur la pointe, en la malaxant pour aspirer le jus et la pulpe directement dans la bouche. Un peu comme caresser le sein de la mère et boire son lait. Ils regrettent qu'elle ne fasse pas de cuisine. Il y a de si belles pêches chaque semaine !

Dans les shopping malls, Sophia soupire devant les vitrines. Lit le texte au dos des flacons Chanel, Lancôme, Estée Lauder, Givenchy. Effleure les nouvelles collections écoresponsables hebdomadaires chez Zara. Les vendeurs et les vendeuses lui jettent un regard oblique, fanfaronnent autour de leur clientèle fidèle, actrices de télé, influenceuses Instagram, mères et filles des hommes d'affaires. Elles marchent lentement, parlent peu, elles connaissent leur valeur, mesurée au poids des produits de marque qu'elles portent. Des femmes-sandwichs. Elles font la publicité de ce qu'elles achètent.

Depuis peu, ils ont découvert le fromage. Toutes ses variations. Ils les mettent couche par couche, dans tous les plats, les font couler, les mangent autant qu'ils les exposent en photos sur les réseaux sociaux. La compétition officieuse des plus gros mangeurs de gras est lancée.

Ils n'ont plus rien à envier à qui que ce soit. Autrefois, les touristes étrangers et les expatriés en visite furtive les faisaient rêver. Ils avaient un halo autour d'eux, de fatigue, d'étourdissement et de parfum délicat qui les rendait si mystérieux, si précieux. Les effluves de ces parfums flottent désormais dans leurs temples du temps moderne, vitrés, rutilants, hauts lieux de fréquentation.

Sophia ne cesse de vagabonder. Les couleurs et les formes éclaboussent ses rétines. Elle regarde autant qu'elle est regardée. Arbres couverts de poussière, immeubles de toutes les formes et teintes, coulées de véhicules enserrant la ville, et la foule partout comme à la fin d'une manifestation. Dans les rues et dans les magasins, les hommes essaient de la toucher parfois, de la frôler, attraper sa main. Elle est cet animal exotique dont ils veulent caresser le pelage, humer l'odeur, comprendre la couleur. Parfois ses amies lui manquent, elle leur envoie des photos, reçoit leurs messages bienveillants, encourageants. Parfois il lui manque le goût et le parfum des plats simples, la délicatesse des mets, la discrétion des couleurs, l'harmonie architecturale du paysage urbain.

Sophia traîne ses savates, revient au quartier B/21.

Elle se demande quand elle va faire l'amour à nouveau, et avec qui. Les silhouettes sombres, longilignes de ces hommes l'intriguent. Leurs jappements autour d'elle l'amusent. Leur rude lutte de survie l'attendrit. Elle les aime, se dit-elle. Mais elle ne sait pas les désirer. S'imaginer seule, dans son intimité, avec l'un de ces hommes la perturbe.

Un midi au restaurant, elle fait la connaissance d'un couple compatriote. Sexagénaires, propriétaires d'un salon de coiffure, en route vers les temples du Sud, ils font une pause ludique à la mégapole hybride, à la réputation controversée, pour beaucoup répulsive.

C'est notre troisième fois. J'aime ce pays, j'aime ce peuple. Il y en a qui n'aiment pas. Mais moi j'aime. Ils sont beaux, elles sont toutes belles. Gentils comme tout ! – La femme fait une moue en voyageuse avertie.

Son mari tempère son ardeur – il faut rester prudent. Pour le sens de l'hygiène, ce n'est pas gagné.

Ils lui apprennent comment utiliser du curcuma dans les plats et les boissons. Dans le lait aussi.

Le restaurant du quartier B/21 ne sert pas de *golden latte*. Les serveurs pouffent de rire. Ils n'en ont jamais entendu parler.

— Allez dans des cafés, bars, branchés, comme on dit. C'est très à la mode chez nous aussi. Eh oui, les belles choses sont sans frontières... Vous devriez le savoir, vous qui êtes si jeune !

Sophia hausse les épaules. Les bars à jus de sa petite ville de province ne proposent pas ces merveilles exotiques. Elle imagine que les serveuses poufferaient de rire là-bas elles aussi. Les frontières ne sont pas forcément là où l'on croit. Mais elle ne dit rien. Le couple, même vieillissant, lui fait envie. Quelle tristesse de ne pas avoir un homme à ses côtés pour calmer ses ardeurs, juste un peu, comme caler un dessous-de-verre !

Ils s'étonnent qu'elle voyage seule. La femme l'interroge sur sa situation amoureuse, secoue la tête, soupire quand il faut. Son mari regarde ailleurs, prête un peu l'oreille, s'ennuie gentiment.

— Qui sait, peut-être que vous tomberez amoureuse ici ? Vous ferez un mariage de princesse ? Il faut choisir un prince alors.

— Bon Monique, il faut bouger maintenant.

Le couple s'en va.

Sophia accroche à son tee-shirt un badge *Love is love.*

Mais les hommes riches et éduqués de la ville ne l'abordent toujours pas. D'abord, ils ne se permettent pas ces vulgarités. Puis, elle est trop crade pour eux. Ils sont entourés de belles femmes bien cultivées. L'étrangère ne les fait pas fantasmer.

Un soir dans une échoppe de thé, elle repère des étudiants. L'un lui offre une cigarette, l'autre du feu. Entre le flirt et les revendications politiques, c'est une soirée stimulante. Ils lui expliquent comment les gobelets en terre cuite sont recyclés après usage, de la terre mêlée à de la terre, comment ils devraient remplacer le plastique. Avant de partir, ils l'invitent au ciné-club qu'ils organisent à leur université, à la prochaine projection du *Sel de la Terre.* Sebastião Salgado est leur nouveau dieu. Ils aimeraient organiser une table ronde avec lui et Vandana Shiva.

Sophia ne connaît pas ces personnalités. L'engagement militant ne l'intéresse pas. Elle est en quête de paix intérieure, du cadre spirituel idéal pour lequel ce pays est si connu. L'idée de coucher une dernière fois avant d'entrer dans l'Ashram, une première fois dans ce pays étranger, la titille. Mais elle craint qu'avec ces jeunes hommes l'affaire ne soit pas gratuite, elle serait obligée de se taper leurs discours avant et après.

*

La nuit, seule dans sa chambre d'hôtel, elle compte les chiens qui aboient. Plus les heures avancent, plus leurs aboiements résonnent dans le quartier endormi, vidé de bruits. Sophia a très envie de regarder des vidéos d'astuces : comment plier son linge comme un pro, ranger son placard, éplucher une betterave sans se tacher les doigts, recycler les collants troués, fabriquer des bougies, coussins, lampes, plateaux-repas, boîtes à bijoux. Des couleurs crème, beige, paille, sable, des couleurs zen pour mettre un peu d'ordre dans la vie en pagaille, dans l'hystérie psychédélique. Elle dompte ses pulsions, éteint son téléphone portable et fixe le mur bleu d'en face.

Quelqu'un s'essuie bruyamment les pieds sur le paillasson devant la porte.

Sam s'excuse de l'importuner. Observe sa chambre, s'assoit au sol, lui montre l'affiche de l'Ashram.

Dans la lumière jaune, le visage de Sam brille de sueur. Il a fait sa toilette avant de venir ici, s'est lavé les cheveux, a mis des habits propres. Ses copains le taquinent quand il leur parle de Sophia. Il se bat avec eux dans la rue. Leurs plaisanteries graveleuses lui reviennent à l'esprit. Il baisse la tête, cache son sourire, ressent son sang chauffer ses joues.

Sophia le contemple, son embarras l'amuse. Elle veut lui dire quelque chose pour qu'il se sente à l'aise, pour que son trouble se dissipe. Mais elle se surprend à ne rien dire. Elle continue à le regarder pour qu'il soit obligé de relever la tête et de la regarder à son tour. Elle descend du lit et s'assoit en face de lui comme pour se mettre dans une baignoire imaginaire. Le silence lui lave la peau des mots inutiles, des mots accumulés tout au long de la journée. Le temps tisse sa toile d'araignée qu'elle n'ose déchirer d'un geste brusque.

Une colonie de maisonnettes en tuiles rouges et en briques blanchies à la chaux. Les chemins bordés de bananiers. De loin, on aperçoit un étang, entouré d'une pelouse. Des hommes et des femmes en tenue safran, blanche ou verte se promènent en silence. Dans la lumière crépusculaire l'Ashram ressemble à une carte postale.

Sam accompagne Sophia jusqu'à la porte principale, refuse d'entrer dans le campus.

Je n'ai pas le droit, il dit, bien décidé.

Sur le comptoir de l'accueil se trouve un livre d'or. Sophia le feuillette en attendant.

Les témoignages sont dithyrambiques. L'un raconte comment le Guru l'a guéri de ses douleurs stomacales dont il souffrait depuis des années simplement en posant la main sur son ventre. L'autre décrit avoir ressenti un tremblement dans son corps rien qu'en regardant la Sainteté. Un quinquagénaire dit avoir grandi instantanément de deux centimètres dès que le Guru l'a enlacé.

Une femme souffrant d'alopécie déclare avoir retrouvé une chevelure abondante dès qu'elle a senti la main du Guru sur sa tête.

Sophia soupire. Elle ne sait qu'en penser.

L'Assistant vient la saluer. Crâne rasé, imberbe, mince et raide, l'homme ressemble à un fouet tendu, prêt à frapper.

De ses petits yeux, il la dévisage. Sa valise moche et ses sandales en caoutchouc. Son visage fatigué, ses yeux alertes et sa bouche pleine.

Comme vous le savez, contrairement à d'autres organismes, nous ne vous demanderons pas de faire un test du VIH, vous êtes libre d'entrer et de sortir, faire du bénévolat ou non...

Sophia n'écoute plus le reste, elle est restée bloquée au nom du VIH. Pourquoi un tel test?

L'Assistant ne daigne pas sourire, se contente d'un petit rictus.

Puis-je voir le Guru?

Le Guru fera son apparition publique à l'heure de la prière collective, demain matin. Je vous propose de vous installer au dortoir, vous reposer, suivre les étapes.

Les hommes et les femmes sont placés dans des dortoirs séparés, divisés en cellules semi-ouvertes. Chaque cellule est composée de deux lits. Sophia devra partager la sienne avec une Américaine, Kate. Habits, chaussures, téléphone, ordinateur, écouteurs déposés à l'accueil. Accompagnés d'un chèque encaissable instantanément.

En échange, elle a reçu sa tenue : pantalons et tunique en coton blanc. Une paire de tongs. Assiette, bol et gourde en laiton. Serviette et pain de savon. Un manuel de yoga et un autre d'ayurvéda. Les explications sont en anglais, illustrées de dessins simples.

Quiconque prépare un voyage dans ce pays s'angoisse d'avance à l'idée de faire ses besoins. Depuis son arrivée Sophia a compris que c'était un point d'honneur pour les autochtones. Les hôtes montrent désormais aux invités leurs toilettes modernisées, se vantent du coût et du modèle, surtout pour les rassurer. Sophia pense soudain à Louis de Funès et à son pot de chambre. Elle n'a pas vu le film *Piku*. Ce n'est pas sérieux de se comporter ainsi dans un tel endroit, elle se gronde et se tient droite.

Personne ne parle. Certaines font leur dernière séance de méditation. Boivent de leur gourde.

Accroche ta moustiquaire ! L'Américaine lui sourit avec bienveillance.

Sous le tombeau mou de tissu, Sophia reste assise. Elle est soudain prise d'angoisse. L'Hôtel faisait encore partie du pays reconnaissable, bien qu'étranger. Le silence l'engloutit avec ses langues grises et moites. La nuit à l'Ashram efface couleurs et teintes, sons, cris, musique, odeur et vibration de la ville. Les transforme en des choses du passé, les rend caducs et, dans un malaise immuable, Sophia laisse le sommeil l'engourdir.

*

Le Guru est un homme gras, mou et avachi comme un flan raté. La toison grise entourant son visage dissimule ses réactions. Aussi peut-être les miettes de nourriture, les gouttes de *bhang* et de *siddhi* qu'il boit à longueur de journée. Les graines de pavot et les feuilles de cannabis sont stockées dans le placard de la cuisine sous cadenas, les vaches sont traites sous le regard vigilant des disciples avant d'être ramenées à l'étable : les boissons sont préparées par le chef cuisinier, qui picole on ne sait pas quand, mais a toujours les yeux injectés de sang, ne parle jamais. D'ailleurs, tous les disciples sont muets. Autour du Guru ils ont monté une barricade de silence, pour mieux laisser jaillir ses saintes paroles. Lui seul détient *la vérité*, lui seul y a accès, en est le légitime héritier.

Le regard du Guru balaie l'assemblée. Les hommes et les femmes sont divisés par une allée en deux classes disciplinées. Les Blancs, aspirants à la *Pureté*. Les Verts, disciples aguerris. Les Safrans, en voie vers le *nirvana*.

Sophia ne comprend rien de ce qu'il profère dans un anglais cabossé, mêlé de langue locale, sauf une vague idée de refus de l'existence superflue. Détruire toute forme de soumission au matérialisme et se sentir libre dans la nouvelle forme. Propager les messages de la Sainteté autour de soi une fois sorti de l'Ashram. Le modus operandi consiste à se soumettre à une série d'actions prescrites par le Guru. Se lever à l'aube. Se baigner nu dans l'étang. Participer à la prière collective. Faire du yoga collectif. Faire de la méditation collective. Manger. Des plats végétariens bien évidemment. Boire. Du lait.

De l'eau. De la boisson sacrée préparée à la cuisine de l'Ashram. Nettoyer son linge. Sa vaisselle. Sa chambre. La cour et la pelouse. Lire les manuels. Manger trois fois par jour. Boire autant qu'on veut. Méditer. Dormir.

Bien qu'il ne soit pas interdit d'adresser la parole à d'autres participants en cas de besoin, l'Ashram n'est pas une colonie de vacances. Les pensionnaires mènent chacun leur chemin solitaire, en quête du soi perdu, confus, dissimulé par les infinies couches de la civilisation et ses vices. Ici il faut creuser le puits, descendre au plus profond de soi-même, de l'obscurité il faut laisser émerger la lumière.

Les Blancs suivent les Verts. Les Verts et les Safrans se concertent. Les Safrans décident.

Personne ne parle de sexe. À les croire, c'est le paradis des Ken et Barbie. Quoique, pas si lisses, voire très poilus.

Peu d'étrangers, l'Ashram compte en majorité des autochtones. Les Occidentaux ne sont pas considérés comme des cadeaux tombés du ciel. Qu'ils aillent se retrouver entre eux dans des établissements à cinq étoiles ! L'Ashram a ses propres objectifs. Il ne cille pas devant les sirènes. Il ne cherche pas à séduire. Quelque chose d'hermétique se fait sentir à chaque parole, à chaque geste. C'est à prendre ou à laisser.

Kate accompagne Sophia à chaque pas. Elle comprend enfin que les binômes ne sont pas formés par hasard, un Vert suit de près un Blanc.

L'Assistant est un rustre ! Sophia lâche.

Tu changeras d'avis, crois-moi. La voix de Kate est le

baume du tigre. Elle a l'air épanouie. Souriante. Peau lumineuse. Rien ne la contrarie.

*

Sophia avait vécu en écoutant le pipi des voisins couler sur sa tête. Ou l'eau de douche. Les ondes micros et macros de leurs ménages à faire vibrer ses murs. Son plafond écrasé comme du carton sous le coup des pas. La carcasse bétonnée de l'immeuble entier résonnait au moindre mouvement. Des bagarres se déclenchaient entre les dealers et leurs clients en bas de chez elle. Des camés pris de rage cassaient les meubles et la gueule de leur compagne. La police se déplaçait à chaque fois, bavardait avec eux, repartait. Ils étaient connus des services, jamais coffrés.

Les bruits blancs et les bruits noirs.

La première fois que la police avait procédé à une arrestation, c'était un Noir. Un jeune Gabonais, un trouble-fête qui, excédé, s'était précipité vers eux un matin. Les autres s'en étaient pris à sa copine quelques semaines plus tôt. L'avaient couverte d'insultes et de menaces de mort. Les gueulantes secouaient l'immeuble, aucun autre résident ne pointait son nez. Personne n'avait jamais rien vu, rien entendu. Devant leurs fenêtres ouvertes vers le soleil printanier, trois hommes avaient plaqué au sol le Gabonais, l'avaient roué de coups, lui avaient cassé le nez et le genou gauche. Eux-mêmes avaient appelé la police, qui avait embarqué le jeune, criant entre le sang et la bave.

Sophia n'avait pas osé sortir elle non plus. De sa fenêtre au volet à peine écarté, elle avait filmé la scène et l'avait postée sur les réseaux, accompagnée de ses pensées émues, reçu plusieurs like, émojis en colère et en larmes, en solidarité. Elle n'avait jamais échangé de mots avec le Gabonais, elle ne connaissait ni son nom, ni son métier et ne l'a jamais revu. Déménagé, expulsé, retourné au pays, Sophia n'en savait trop rien.

Elle espérait retrouver une quiétude. Mais l'immeuble ressemblait à un brasier couvert d'une fine couche de cendres, prêt à s'embraser sous un mauvais vent. Les jours et les nuits de Sophia se confondaient. Conditionnée par le rythme quotidien des autres, elle ne dormait que le matin, pendant leur absence, et passait souvent des nuits blanches. L'insomnie auto-infligée. L'incapacité à se confier au sommeil. Dormir, c'était se faire confiance les yeux fermés. Rester éveillée, c'était rester vigilante, veiller sur le Mal qui lui semblait si proche.

Pour la première fois Sophia se trouve dans une résidence où le silence la berce du matin au soir. L'ombre verte de la végétation la caresse. Ses pieds nus découvrent le toucher velours de l'herbe. Les feuilles de bananier sur lesquelles la nourriture est servie la font saliver d'avance. Son corps se vide d'anciens sucs, devient de plus en plus transparent, léger, propre, comme une bouteille jetée à la mer puis lavée par elle.

Naître ici et être ailleurs : n'est-ce pas le but de sa tentative ? Se donner une deuxième chance ? Réécrire sa fiction intime ?

Nourrie, lavée, parfumée, Sophia a l'impression d'être nue même habillée. À la fois entièrement avec elle-même et liée à tout ce qui l'entoure. Sensible aux moindres détails, au changement de lueur dans le ciel, aux frissonnements des feuillages, aux mouvements silencieux des hommes et des femmes qui marchent sans destination, qui semblent dessiner des cercles et revenir sans cesse les uns vers les autres. Les boissons onctueuses matin, midi et soir la remplissent comme un venin doux, elle a envie de mordre une queue. Elle est prête, sans savoir à quoi.

La première semaine évolue en préparation, évaluation, puis sélection.

La deuxième semaine, Sophia est élue, avec huit autres Blancs jeunes et jolis, pour entrer dans le Cercle.

*

La lune est pleine et dorée. Les lumières électriques du campus sont éteintes. Des bougies bordent les allées entre les dortoirs et le pavillon central. Sophia et les autres Blancs sont accompagnés par des Verts. Devant la porte, deux vigiles Safrans exécutent la fouille corporelle.

Une fois la porte fermée, la pièce circulaire est totalement ouatée. L'insonorisation est celle d'une discothèque très haut de gamme. Les murs capitonnés, le sol recouvert par un matelas. Les spots encastrés à intensité variable. La boisson est servie. Le parfum de l'encens est enivrant.

Très vite, les Safrans forment un cercle longeant les

murs. Les Verts se positionnent en deuxième cercle. Les Blancs sont appelés à se mettre au centre.

Voilà donc le Lotus ! Sophia se dit. J'en serai l'un des pétales. J'apercevrai la fleur intégrale à travers mon corps partiel. Sous mes pieds, le sol se fondra, se transformera en eau.

Devant elle, dans le rang des Safrans se trouve l'Assistant. Au moment du *renoncement aux habits terrestres* et de la *soumission au feu sacré*, Sophia surprend son regard moqueur. Jambes vacillantes, cœur chuté dans le ventre, elle se souvient de ce regard. Les hommes obsédés, implorant, quémandant, puis l'instant de la pénétration, l'instant de leur gratitude, de leur émerveillement comme un trait d'union fragile, avant la lueur narquoise dans leurs yeux, dominant du haut de leurs corps la femme vaincue.

Pendant des heures, la petite Sophia est bouleversée par des spasmes de plaisir, de douleur, de plaisir encore, dans un état de confusion de formes, couleurs, tailles, poids, odeurs, voix, râles, rires et d'insultes appropriées.

Le serment de confidentialité a été prononcé au début de la cérémonie. Bien que, vu l'épuisement des participants, surtout des Blancs, cela n'eût pas été nécessaire.

Sophia réussit à peine à revenir au dortoir et à se jeter au lit.

Le corps ravi et l'esprit agité, Sophia se réveille dans l'angoisse terrible de devoir faire face à elle-même. Elle ne peut nier qu'elle se sent rassasiée après une longue période de jeûne. Pour ne pas penser à elle-même, elle pense à ses amies. Comment partager avec elles ce qu'elle vit ici ? Sophia ne sait pas comment leur raconter sa nuit au Cercle sans les choquer. Les interprétations mystiques rendront-elles légitimes les actes ? Les mots sont-ils plus puissants que les faits ?

Pendant ses longues périodes de solitude, Sophia ressentait l'agacement qu'elle suscitait chez certains hommes. Comme un terrain vague, son corps de femme inoccupé les irritait. Les hommes entrepreneurs. Ils veulent posséder les femmes avec la même conviction, le même entrain qu'ils mettent à remodeler la surface de la planète. Rendre chaque parcelle habitable, rentable, domptée.

Sophia n'a jamais déclenché de grand amour chez les hommes, mais que de passions obscures ! La regarder n'était jamais agréable mais déstabilisant. Seuls en sa compagnie les hommes n'avaient qu'une seule envie : la baiser jusqu'à l'épuisement. C'est ce qui les déroutait probablement. Ce revirement d'optique. Leur désarroi était attendrissant. Sophia éprouvait une telle compassion, une telle culpabilité, qu'elle finissait par accepter des arrangements secrets, éphémères. Les hommes, Sophia les comprenait. Elle accompagnait leur obsession, jusqu'à ce que les corps décident à sa place, et que les choses deviennent enfin exaltantes.

Pour la première fois Sophia est débarrassée de ses raisonnements. Du cercle vicieux des dons et des pardons. Elle est son corps et rien d'autre. Les autres aussi ne sont que leurs corps. Chacun ignore le nom et le prénom de l'autre. Profession, famille, amis, entourage. Personne n'interroge personne au sujet de ses goûts musicaux, cinématographiques, artistiques. Au sujet de ses penchants politiques, de son engagement et de son désengagement. Ne donne ni ne reçoit aucun conseil financier, fiscal, administratif. Personne ne partage sa recette inédite de tarte ou de gâteau, ses astuces pour le ménage, le voyage, les vacances. Ses tracas avec ses enfants, les amis de ses enfants, leur école et leurs profs, leur réussite et leur échec scolaire. Dépossédés de race, de classe, dans une confusion de genre, ils sont de la chair offerte à la chair.

Ôter tous les habits sociaux laisse-t-il l'esprit nu et vidé ? Qu'est-ce qui peut bien remplir le cerveau une fois désengagé et sans emploi ?

Sophia se lève et se prépare pour la matinée.

Kate faisait partie des Verts de la nuit, mais elle ne s'est pas rapprochée de Sophia. Elle est quelque part ce matin, Sophia ignore où.

Dans la salle de déjeuner, au moment de déposer le plateau utilisé, elle l'aperçoit devant la porte. Sophia a une soudaine envie de se confier à Kate. Kate la regarde avec approbation, sourire dans les yeux. Son visage est un miroir. Sophia la voit épanouie, lumineuse, ralentie par une fatigue délicieuse. Elle comprend que ce sont les mots justes qui la décriraient elle aussi. Cela la rassure. La rend même heureuse.

Elles n'ont rien d'autre à se dire. Kate part diriger un groupe de méditation. Sophia prend le chemin vers l'étang. Manger. Boire. Aimer. Retrouver son état primaire, son âme immaculée. Faire union avec l'herbe, le soleil et l'air. Sophia prie pour que cela dure toujours, du moins encore quelques mois, le temps de son séjour.

Pendant la promenade elle croise l'Assistant. À moins que ce ne soit délibéré de la part de l'homme dont chaque geste semble être calculé.

Sophia s'apprête à se livrer à des confidences extasiées, à des interprétations illuminées de son expérience.

L'Assistant lève la main, la coupe dans son élan.

Mademoiselle, on n'a rien à cirer de votre cul, du cul en général. Ça, on le donne à qui le veut. C'est ce que vous voulez, non, chez vous ? La partouze géante. Soit ! Faites-vous plaisir. Nous avons d'autres objectifs. Plus grands, plus nobles.

L'Ashram a mis en place un *laboratoire*. Il propose un encadrement de la société suivant les textes sacrés. Il enseigne la vraie histoire du pays. Décrit les exploits des rois et des empereurs ancestraux. Dresse le portrait des ennemis envahisseurs. Interprète les paroles des moines et des saints mythologiques. L'âge moderne est un trompe-l'œil. Une épreuve. Il faut le traverser et arriver de *l'autre côté*. Chacun choisira son chemin. Par le péché. Par la vertu. Parfois, les deux avancent entrelacés, se retrouvent et se complètent.

L'Ashram aspire à la pureté de la race, par le *nettoyage massif*. Il accompagne les futurs parents à suivre des rituels afin d'engendrer des enfants supérieurs, comprendre grands, à la peau claire et au QI élevé, à l'image des *Aryens*. Il proscrit le mélange des races. Il accepte, encourage la copulation interraciale contrôlée, surveillée, cela fait partie du *nettoyage* par l'influence spirituelle, mais prohibe l'union sacrée, le mariage interracial.

L'Assistant se tait, se réjouit du visage déconfit de son interlocutrice.

Un groupe de Blancs et de Verts les rejoignent.

Une visite guidée est organisée dans les ateliers, situés sur l'autre rive de l'étang. Les artisans qui n'ont pas le droit d'entrer ni dans la cuisine, ni dans la salle de prière, évidemment pas dans le Cercle, sont regroupés ici, pour ne pas être privés de contribuer à la Grande Cause.

Assises au sol parmi les tas de déchets, les femmes de basses castes, les Sûdras et les Intouchables, font le tri, récupèrent, nettoient avec du chlore dans le bassin cimenté. Elles teignent des tissus dans de larges pots posés sur le feu, dessinent des lotus, chakras, swastikas avec des pochoirs sur les étoffes, tissent des paniers en jute, des macramés et des attrape-rêves. Les étoffes sont utilisées pour fabriquer tapis de yoga, bandanas, sarouels, écharpes. C'est du bas de gamme. Ça sent mauvais. Ça sent pauvre. L'Ashram préfère vendre les matériaux aux chaînes de fabrique massive. Les femmes ici ne sont aucunement qualifiées. Doigts macérés, nez coulant, penchées sur les machines à coudre, elles pédalent durant des heures pour arriver au but, pour compléter le quota quotidien, pour toucher leur maigre paie. Aucune loi quant au salaire minimum n'est applicable à l'Ashram. La paie varie selon les têtes, selon la production, l'endurance, la docilité.

Dans l'atelier voisin, les enfants fabriquent les allumettes et les encens. Leurs tout petits doigts sont parfaits pour coller de la poudre, avec ou sans parfum, sur les bâtonnets. Aucun adulte ne peut l'exécuter aussi bien. Les enfants viennent des bidonvilles, sont payés par deux repas par jour, reçoivent une paie exceptionnelle tous les trois mois. Leurs parents, s'ils existent, se contentent du fait qu'ils soient nourris, pris en charge dans un cadre respectable.

Mais il n'est pas interdit de faire travailler les enfants ? Le gouvernement ne vous sanctionne pas ?

L'Assistant toise Sophia. Décidément, une nuit au Cercle ne suffira pas pour laver de son cerveau les idées impertinentes. Il n'est pas obligé, mais décide d'être clément en lui apportant une réponse :

Vous ne connaissez pas l'histoire des Sûdras ? Leurs ancêtres ont copulé avec des chiens. Ce sont des demi-chiens. Vous voulez les fréquenter ? Les gracier ? Vous aimez les chiens, vous !

Lors du dîner collectif, Sophia tente de discuter avec d'autres Blancs. Elle remarque qu'il ne se trouve autour d'elle aucun des Blancs de la veille au Cercle.

L'un souhaite quitter l'Ashram. Il se demande s'il peut obtenir le remboursement pour les jours annulés. Les autres le regardent. C'est la journée de leur vœu de silence. Le Blanc parle tout seul. Mis à part un vague sentiment de culpabilité, il ne sait pas comment agir. Un autre s'avise alors que l'accueil à l'Ashram est conforme à son attente. Il en constate déjà les bienfaits. Ce qui se passe dans les ateliers ne reflète-t-il pas la réalité de ce pays ? N'est-ce pas qu'il est ancestral, ce système pyramidal, le fondement même de ce pays ? Ils sont ici pour leur quête spirituelle personnelle, pas pour refaire le monde. Ce serait le contraire même du principe annoncé. Ne faudrait-il pas traverser ce temps présent tel qu'il est sans interférer ?

Deux Verts viennent leur rappeler que c'est l'heure de la méditation collective.

La misère dans ce pays, Sophia s'en doutait. C'est un spectacle quotidien étalé dans l'espace urbain. On ne traverse pas la rue sans devoir en faire abstraction. Ce qui la déstabilise c'est la proximité dramatique, l'entrelacement des réalités. Elle aussi aimerait traverser la rue pour trouver son bonheur et ne plus regarder en arrière.

La nuit Sophia fait un cauchemar. Un ballon géant, une poupée gonflable publicitaire, l'étouffe, monte vers le ciel, ressemble au Guru, avec quatre bras, et un nez gros et ridé qui se prolonge, se transforme en une trompe gigantesque avec laquelle il sodomise une bande de moutons, chèvres, vaches et d'autres bestiaux.

Sophia se réveille, se redresse sur son lit, se rallonge à nouveau. Elle pense à Sam, à la colonie souterraine. Elle doit se faire violence pour ne pas sangloter. Au-dessous de son lit, au-dessous du sol de l'Ashram, les corps amoureux, les corps dans leurs rêves et dans leurs cauchemars ondulent comme des plantes aquatiques. Elle a l'impression de pouvoir les toucher si elle plonge ses mains, bien profond.

Sam observe son index droit.

Depuis qu'il a eu l'accident, la peau est déformée. La petite flamme s'était déclenchée au moment où il avait mis la poudre sur le bâtonnet, l'avait frottée maladroitement. La douleur l'avait fait pleurer, il avait injurié toute la clique de l'Ashram, tous ceux qui se trouvaient avec lui dans l'atelier, et tous ceux qui n'étaient pas présents.

Depuis, son index droit est inutilisable pour les téléphones tactiles. Les écrans ne reconnaissent jamais son empreinte. Ses amis se moquent de lui. Ils se distribuent des portables volés. La magie est au bout de leurs doigts. Sam est banni de l'âge moderne.

Banni de l'Ashram aussi.

Il rôde autour. Fait le lien entre les touristes et le site comme dessiner des lignes, les effacer, recommencer. L'Assistant et les autres Verts et Safrans le guettent du coin de l'œil. Il le leur rend bien.

La nuit sous sa tente, il tourne son index et pense qu'il fera changer la course des étoiles autour de son doigt.

Sam a un projet. Il veut devenir le plus grand voleur de chiens qui ait jamais existé.

Depuis longtemps le chien domesticable préféré des riches est soit le berger allemand, soit le pékinois. Le premier correspond aux signes de la virilité. Quand un berger allemand aboie de sa voix grave, presque nonchalante, sans menace, les piétons se figent instantanément sur le trottoir, puis accélèrent le pas. L'autre est le chouchou des femmes, ou des homosexuels. Depuis peu le labrador est à la mode. Mais ça ne peut pas être sérieux. Ils sont trop gâteux.

Les gens moyens ramassent les clébards errants. Un chiot abandonné dans les ordures, au point de crever, ou un adulte affamé, sociable, voire aguicheur – ils trouvent un refuge, des restes d'aliments jetés sur le trottoir. Dès lors, ils choisissent leurs maîtres, montent vaillamment la garde. Sam veut le monopole des chiens de cette catégorie. Il veut monter sa mafia de chiens.

Il s'y connaît en chiens. Il observe le moindre de leurs gestes, états d'âme, aboiements et silences. Il aime leur énergie, leur folie, leur fidélité parfois héroïque, parfois pathétique. Il aime leur taille carrée, leur couleur noisette, leurs poils drus, leur souffle moite, leur museau angulaire spongieux, leurs oreilles dressées. Il aime par-dessus tout l'hystérique mouvement de leur queue quand ils sont gais. Sam aime tuer leurs poux, gratter leur ventre, tenir le biberon aux plus petits.

Un jour à la télé une vétérinaire expliquait un tas de choses sur eux, que la trace de leurs ancêtres remonte à quatre mille cinq cents ans, que les crânes de leurs ancêtres ont été trouvés sur des sites préhistoriques datés de deux mille cinq cents ans avant J-C. Elle disait combien ils avaient une allure noble, combien ils étaient attachants et intelligents, beaucoup plus que les races vendues cher. Costauds, vaillants, ce sont les survivants des siècles. S'ils ne meurent pas écrasés par une voiture ou un train, affamés ou empoisonnés par l'eau insalubre, ils ont une longue vie.

Sam les récupérera petits, yeux ouverts ou non, trébuchants, il les élèvera avec le plus grand soin, les entraînera, les mariera et en gardera les bébés. Nourris, lavés, aimés, ils seront les plus beaux chiens qu'on aura jamais vus. Dans toute la ville il sera le seul patron des chiens, des plus convoités. Il détrônera les bergers allemands et les pékinois. Il restituera la gloire ancestrale à ceux auxquels elle appartient.

Le seul souci demeure le nom. Pour l'instant leur race ne porte pas de nom. On les appelle « les chiens de la rue » ou « de l'extérieur », « les chiens jaunes », plus communément « les chiens parias ».

Allongé dans son lit, Sam bouge sans cesse les jambes et cogite. Est-il possible qu'on nomme les chiens d'après lui ? Genre *Samdog* ?

Excité, il se lève. Ce n'est pas mal ! Ce n'est pas mal du tout comme idée.

Il va toucher son porte-bonheur. Au fond de sa tente, contre le mur, est illuminée une vache. Du moins ce qu'il en reste. La peau étendue, les pattes en lambeaux, les cornes bariolées de rouge sur le crâne immaculé, le tout accroché par des goujons, éclairé par de petits lampions en LED. Sam caresse la peinture rupestre de sa cave.

Il a trouvé le cadavre un soir derrière l'abattoir du quartier musulman. Le corps était déjà vidé, la viande et les boyaux dépouillés, la carcasse blanchie, la peau déchiquetée n'avait pas encore été récupérée par les tanneurs. Il l'a volée, l'a nettoyée avec de l'alun, longuement il l'a frottée. Il a jugé qu'il la méritait et que, comme décoration de son logis, il ne trouverait pas mieux.

Le jour, il dissimule sa vache sous un tas de chiffons et de cartons.

Si jamais quelqu'un la découvre, cela déclenchera un tollé chez les voisins. Dans la colonie souterraine, et même en haut. Tout le quartier B/21 s'agitera devant sa tente, le tabassera à sang, le traitera de fou. L'Assistant de l'Ashram accompagné de ses Verts et Safrans vociférera qu'il savait déjà que ce Sam était un vaurien. Très probablement, ils demanderont pardon à la vache morte, la feront incinérer religieusement. Après un tel incident, le tribunal du public ne le pardonnera pas. Dans le meilleur des cas, ils l'expulseront. Le pire, Sam ne veut pas l'imaginer.

Seulement, quand certaines nuits il en meurt d'envie, il la dévoile, allume les LED, la caresse.

Ce soir, son projet de chiens l'excite. Il en trouve de nouveaux élans.

Depuis qu'il a rencontré Sophia, Sam pense qu'il y a peut-être un espoir là. Cette femme ne ressemble pas aux autres. Elle est un peu délurée, comme lui. En quoi, il ne saurait le dire. Est-ce sa bonté qui la rend si différente ? Pourtant, il en a vu, de la compassion, de la pitié.

Sam pense que Sophia ne connaît pas vraiment les relations en escalier. Cette façon de monter, se mettre sur la marche supérieure pour guetter l'autre, pour se pencher vers l'autre, et lui parler comme si apporter de l'eau au mourant, comme jeter des monnaies au mendiant. Sophia se met toujours au même niveau, elle descend, se salit les pieds, elle n'a pas peur, peut-être qu'elle n'en a pas conscience non plus.

Bien que ses copains le taquinent, bien qu'il soit troublé quand il la voit, Sam ne se permet jamais de se masturber en pensant à Sophia.

D'abord, parce que les choses se passent souvent sans qu'il intervienne, pendant son sommeil et à son réveil. Comme la marée haute et la marée basse son corps se lève, se réjouit d'être là, se repose. Les filles de la colonie avec lesquelles il a grandi lui proposent des jeux. Elles le trouvent mignon, gentil, jamais abusif comme les autres garçons. Sam apprend, s'étonne, se retire comme si quelqu'un l'attendait quelque part.

Puis parce que Sam attend, lui aussi. Il ne sait pas exactement quoi, mais il attend quelque chose. Peut-être un signe, un geste, un mot de Sophia. Les jours ne font pas que s'ajouter aux jours, ils se lient étroitement. Comme une corde robuste qui tient au loin, sur l'eau profonde, une barque. Cette possibilité de voyage, cette destination lointaine qu'il ne connaît pas, l'excite, l'enchante.

Le bonheur est l'idée du bonheur. La possibilité des choses. Une projection dans l'avenir. Le bonheur est là dans l'instant présent mais qui nous échappe. Le bonheur est un pont jeté vers le futur. Le bonheur est un malentendu.

Ce soir Sam est heureux. Il a l'impression d'être embarqué dans une aventure. Il voit Sophia avec lui, pendant et à la fin du chemin.

Si seulement il savait quand elle va sortir de l'Ashram ! Et en sortira-t-elle !

Sophia est un peu amoureuse.

Elle l'a repéré pendant la séance collective de yoga. Lorsqu'il s'étire, sa tunique blanche glisse de côté et dévoile son ventre, le duvet autour de son nombril. Les boucles blondes ondulent devant son front. Son corps frêle et musclé rappelle les souvenirs des jours au soleil.

Markus Meyer est un DJ qui produit sa propre musique, qualifiée de high-tech minimal, à peine quarante ans et considéré comme le meilleur de son époque. Frontal, charnel, énergique, il ensorcelle son public à chaque évènement à travers la planète.

Malgré ses glissements violents, la musique de Markus reste joyeuse, voluptueuse. Il n'oublie pas le divertissement, il veut faire danser son public, éveiller son désir, contrairement à d'autres technos qui se transforment en délires masochistes. Au lieu du parfum, il utilise sa musique pour envoûter, mettre en transe la foule.

Sur scène Markus s'habille toujours en jean et en tee-shirt noir, monogrammé *Le cow-boy cosmique.* Souffrant d'acouphènes, il doit subir l'intrusion d'un appareil auditif. Pour le cacher, il porte un turban de maharajah en satin rose ou bleu, serti de pierres semi-précieuses. Ce qui est devenu sa signature.

Il pensait avoir été ingénieux en alliant le cosmos et le cow-boy. Une allusion à la poudre magique et aux poussières d'étoiles. Son inspiration vient de là. Dans ses moments de transe, quand il crée sa musique, il se sent lié à la Voie lactée.

Adolescent, il se gavait de science-fiction. Rêvait de voyager à travers le Trou de ver. Rencontrer son Autre. À la mort de son père, c'est la théorie de la physique quantique qui l'a consolé. Plus tard, quand il a commencé à composer sur son synthétiseur, il a toujours eu l'impression de s'adresser à quelqu'un d'absent, qu'il ne connaissait pas mais qui le comprenait, qui l'écoutait et l'approuvait. Sa musique naissait dans son corps et l'emmenait ailleurs. Il ressentait une lévitation, un mouvement hors sol, hors corps. Il était presque jaloux d'Extrawelt, juste parce que ses deux compatriotes et confrères musiciens, Wayan Rabe et Arne Schaffhausen, avaient eu le flair de se baptiser ainsi. Markus, lui aussi, aurait pu se présenter sous le nom d'un autre univers.

Il n'a jamais été croyant, bien qu'il ait été élevé dans une famille catholique. La musique techno lui a permis dès l'âge de seize ans de se débarrasser des rites chrétiens comme d'autant d'habits vieillots en brocart et en pierres précieuses, d'exposer sa peau, d'être seul. Il suivait de près le progrès technologique, fouillait et bidouillait les softwares sur son clavier d'ordinateur. Et regardait toujours les documentaires sur l'espace et sur les dernières découvertes en astrophysique. Il croyait, et croit toujours, à une forme de vie intelligente au-delà de la Voie lactée, dans d'autres galaxies, sous d'autres soleils.

Markus est depuis persuadé que les religions sont à réinventer. Du moins leur langage. Leur fiction. Elles ont toujours été un cache-misère. À peine utilitaires. Désormais elles devraient être mises à jour. Depuis l'époque des platistes, à peine les religions ont-elles accepté le caractère sphérique des planètes. Un effort considérable, mais encore très loin, très larguées quant à l'existence des galaxies en expansion, des multivers, des trous noirs et des naines blanches. Il leur faudrait de nouveaux visages, de nouvelles allures, pour inventer les nouveaux dieux et les nouvelles déesses.

Enivré par la musique, par la came, il a eu un jour une vision incroyable. Son inconscient lui a créé un dieu rien que pour lui, fait de millions d'astres bleus, blancs, en explosion, le visage surdimensionné en érosion, le corps en chute libre. Le bonheur intense de cette rencontre l'a rendu reconnaissant. Envers le dieu version 2.1. Envers les astrophysiciens. À son réveil Markus a composé un morceau, expliquant en quelques mots son illumination. La superposition culturelle, religieuse et scientifique, calquée sur son esprit halluciné.

Elon Musk l'a remarqué sur les réseaux sociaux. C'est ainsi qu'il est entré en contact avec le milliardaire qui aimait sa musique. Musk l'a invité au Giga Fest de sa Gigafactory à Berlin. Leur passion commune pour l'espace les a unis davantage. Qui sait, peut-être qu'un jour à bord d'une station spatiale Markus jouera sa musique, et les ondes traverseront les frontières du temps et de l'espace, vibreront et résonneront sur les capteurs radio ailleurs, chez les autres, chez les étrangers version 2.1.

— Un passionné d'astrophysique ici à l'Ashram ! Comment cela se fait-il ?

Sophia récolte par bouts les confidences du DJ. Elle se sent privilégiée, précieuse. À personne d'autre ici mais à elle Markus a décidé de se livrer. Un hasard si heureux que Sophia y voit un signe du destin.

Markus vient d'en face, de l'autre côté de la pelouse. Une aile privée destinée à une petite élite. Ultramoderne, aménagé tel un hôtel sophistiqué, protégé de la moindre intrusion par une haie haute et dense, un cercle à l'intérieur du cercle où séjourne on ne saura pas qui. Ministres, députés, stars du cinéma et de la musique pop, industriels et investisseurs, donateurs richissimes... Rien n'est impossible.

La première fois que Sophia l'a vu apparaître, elle a remarqué que l'herbe de l'autre côté était plus verte, plus harmonieuse, arrosée artificiellement. Elle se rangeait parmi les spirituels prolos, leur installation modeste rimait avec leur mission. Le dépouillement de leur apparat semblait davantage légitime, justifiable. Markus a surgi comme un touriste esseulé et heureux de l'être sur une plage du Club Med. Il n'était pas bon de dévoiler l'opulence de l'Ashram, la source de son pouvoir. Les maisonnettes en tuiles et en briques posées en trompe-l'œil. L'allure nonchalante de Markus, son impassibilité permanente, qui pouvaient être perçues tantôt comme de la tolérance, tantôt comme du rejet de tout élément intrusif, démentaient une aisance que seul l'argent pouvait procurer. Ou aussi la gloire, dans son cas.

Après la séance de yoga, en fin d'après-midi, elle s'est approchée de lui, lui a demandé conseil sur une posture qu'elle avait du mal à exécuter. L'homme est resté mutique, son regard placide n'a laissé passer aucune émotion, Sophia n'était même pas sûre qu'il l'ait bien entendue. Mais il a haussé les épaules, puis l'a tenue par la taille, pour l'incliner de côté, étirant sa jambe droite en l'air, la maintenant en horizontal. Les boucles blondes de Sophia balayaient les herbes, elle y a posé ses mains pour s'équilibrer, puis a pouffé de rire, avant de s'affaisser au sol.

Markus l'a observée, amusé. Ils se sont assis sur la pelouse en pente, près de l'étang.

Elle lui a avoué qu'elle ne le connaissait pas.

Ce n'est pas le genre de musique qu'elle écoute. Elle, c'est Céline Dion, Natasha St-Pier, Pascal Obispo. Garou aussi. En duo avec Céline Dion. Elle peut chanter avec, danser, pleurer, faire la cuisine et le ménage... Le contexte ne s'y prêtait pas, sinon elle aurait aussitôt googlisé le DJ si populaire, découvert les fans hystériques à chacun de ses concerts, ses photos sur les réseaux sociaux et son train de vie de star. Ici sur la pelouse, sous le ciel tropical, dans le décor dépouillé du site spirituel, il a l'air d'un jeune homme sans histoires. Un voisin de palier un peu réservé, un peu mystérieux, mais d'un charme si irrésistible qu'on ose frapper à sa porte. Jusqu'à ce qu'il se confie à elle. Un roi en exil. Quoi de plus attendrissant ! Un royaume qui les sépare. Cela l'intimide, la fait rêver, puis si loin, invisible, presque imaginaire, cesse d'exister pour elle. Ce qui lui importe c'est sa présence près d'elle, son visage près de son visage, son corps près de son corps, et son regard qui erre, hésite, puis se repose sur elle.

Markus poursuit ses confidences.

Rien ne devrait entraver son élan. Mais quoique haut fût son envol, il a suffi d'un lance-pierre pour l'abattre au sol.

Le premier signal d'alerte a été lancé par son manager. Il lui fournissait de la drogue en respectant minutieusement les doses. De ce côté, il ne voyait pas de risque. Markus composait toujours aussi frénétiquement, en alternant les périodes de morosité et d'inertie avec celles d'exaltation, d'énergie survoltée. Instable, insupportable et touchant.

Le problème est venu de l'extérieur. Lors d'un live, un groupe de trois, quatre jeunes hommes ont fait le signe du suprémacisme blanc. Coupe extracourte peroxydée, torse nu, allure franchement plouc, pouce et index faisant outrageusement le geste « OK », ils ont été repérés par les caméras qui ont zoomé, les ont suivis, choisis comme repères en revenant sur eux tout au long du concert.

Ce n'est pas tout. À mi-chemin du live, Markus lui-même a levé son pouce, puis a fait le signe. D'après lui, pour remercier la régie.

Impardonnable geste. La presse, celle qui s'intéresse à la musique des DJ et à la techno minimale, l'a appelé le lendemain matin. Vanné, camé, affalé sur son canapé, il n'était pas en mesure de répondre. Son manager a géré. A expliqué ce que cela signifiait, c'est-à-dire rien, l'insignifiant automatisme du DJ de génie. A même dégoté un portrait croisé avec une danseuse de ballet malienne dans la revue ARsch-T.

Mais c'est Markus qui n'était plus à l'aise. En privé, il n'arrêtait pas de dire comment il a dû subir le bizutage à l'école en raison de son ouïe défectueuse. Comment il passait pour l'idiot de la classe, plus idiot que les fils d'immigrés, qui à leur tour ne rataient pas une occasion de l'humilier.

Comment a-t-il pu se casser la gueule tout seul ! Du haut de son rêve d'ultramonde, d'autre monde, il s'est fracassé le crâne contre une minable petite cour de récré. Peut-être que c'est ainsi, les envols sont toujours grandioses, et les chutes pathétiques, petites, ridicules.

Les propos de Markus choquaient de plus en plus son équipe. Personne à Berlin n'avait envie de voir le placard s'ouvrir à grand fracas. C'est encore son manager qui a prétexté un besoin de repos, une détox spirituelle comme on dit dans le milieu du show-biz, et lui a trouvé l'Ashram. Inconnu au point qu'aucun risque d'y croiser les vedettes et les médias de l'Occident.

Sophia baisse la tête, pour ne pas le regarder. Il lui manque aussitôt, elle relève son visage, le regarde avec un sourire coupable, incontrôlable. Puis reste sidérée, aimantée par le beau visage ciselé du musicien, ses joues creuses, les boucles blondes sur son front et ses yeux d'un vert d'eau remplie d'algues.

Écouter Markus lui fait du bien. La relie à la réalité reconnaissable, celle qui existe dehors, de l'autre côté des murailles. Le chemin de retour ne lui paraît pas inaccessible.

Son attirance pour le DJ oscille comme une passerelle, la retient à l'Ashram, lui redonne aussi le courage de le quitter.

Le Cercle est une plaque tournante. Les Blancs sont choisis chacun à leur tour. Sophia n'a pas encore retrouvé Markus dans le tourbillon nocturne. Absent, étranger à son intimité, Markus est désormais son point de repère. Comme un phare qui sauve par ses faisceaux de lumière une barque en dérive. Elle ne songe pas pour autant à refuser les possibilités multiples auxquelles elle a pris goût. Mais le savoir ici près d'elle la rassure. Avec lui elle peut être elle-même, se recouvrir la peau et reprendre le langage d'autrefois.

La nuit, seule dans son lit, avant de s'endormir, elle se demande comment il serait, nu, en mouvement et en nage si, au lieu d'être avec les autres femmes, il était avec elle.

Lorsqu'il s'assoit sur la pelouse en face d'elle, il y a comme une chaleur qui se dégage de lui, remplit l'espace entre eux, reste immuable. Les mots qu'il prononce voltigent, se posent sur le bout de ses seins, les font se dresser, bourdonnent autour de son visage et s'arrêtent sur ses joues, se glissent vers ses lèvres, s'attardent, pénètrent sa bouche, lui remplissent le ventre. Sophia ne distingue plus ses mots, elle les oublie au fur et à mesure qu'ils se fondent dans une coulée chaude qui est sa voix, grave et granuleuse. De temps en temps il saisit le bras ou l'avant-bras de Sophia, pour appuyer ou ponctuer ses propos. Sa main chaude la fait sursauter, lui laisse comme une empreinte sur la peau. Puis il cesse de parler. Genoux levés il écarte ses jambes, mains appuyées sur l'herbe des deux côtés de ses reins. À travers sa tenue blanche Sophia aperçoit sa poitrine, le duvet autour de son nombril, et sa verge qui se durcit. Ils se regardent, les secondes passent et les minutes aussi, personne ne bouge. Markus la taquine avec son corps vigoureux. Le visage tourné vers elle, une fraction de seconde et le vert d'eau de ses yeux devient soudain transparent, déborde et l'éblouit, comme s'il avait pris feu. Son regard n'est plus tendre, affectueux comme le premier jour, comme si elle avait éveillé en lui quelque chose de violent, de cruel, malicieusement cruel, une bête émergée de sa grotte et que s'il avait voulu il aurait pu l'attraper par le cou, par la taille, par les cheveux. Il l'aurait prise alors sans caresses, sans dire un mot, il l'aurait fait crier de douleur, puis de plaisir.

Sur la pelouse en pente vers l'étang, il y a un endroit où Sophia veut emmener Markus. Sous l'ombre verte d'un arbre dont elle ignore le nom, en attendant la brise de la fin d'après-midi qui caresse l'eau et éveille les petits poissons curieux.

Sophia veut croire que revenir au même endroit c'est posséder l'endroit. Les mots qu'elle prononce, les mots qu'elle entend les protègent comme des rideaux de perles, suspendus sur le carré d'herbes. Sophia veut croire que Markus donne autant d'importance qu'elle à leur conversation et qu'il en reprendra délicatement le fil là où ils l'ont laissé la fois dernière.

Au Cercle il lui manquait au début, puis elle a trouvé cela de bon augure. C'est mieux ainsi de ne pas le découvrir en présence des autres, dans la mêlée lubrique. Après le mariage arrangé, voilà le sexe arrangé. Les nuits débordent, la soif reste intacte, rien ne l'apaise. Sophia espère le retrouver un jour, une nuit, uniquement pour elle, sans contraintes inventées du site spirituel. Oui ce serait spécial, une vraie rencontre ! Un pied-de-nez aux débauches fabriquées, à l'agenda des malins. Sophia couve son désir d'être avec Markus comme un projet subversif, un coup d'État. Puis, elle perd ses élans. Elle ne sait rien faire d'autre que le désirer secrètement, désespérément, comme une mendiante qui reluque la vitrine d'une pâtisserie. Oscillant entre l'entrain et la léthargie, Sophia passe ses jours à attendre, à espérer que si l'homme lui accorde autant d'attention c'est qu'elle lui plaît, qu'il prendra l'initiative, se taira soudain et la saisira dans ses bras.

Deux jeunes femmes Blancs accompagnées d'une Vert reviennent de leur plongée. Habits trempés collés à la peau, gouttelettes tombant des chevelures, elles donnent l'impression de faire légèrement trembler le sol sous leurs pieds. Markus les contemple, souriant. Son regard ne cherche pas la beauté, il la déclenche, l'éveille.

Malicieuses, audacieuses, ses complices noctambules auraient probablement engagé la conversation avec lui si elles n'étaient trempées jusqu'aux os. Elles traînent les pas et laissent un éclat de rire sur leur passage.

Sophia parle plus fort que d'habitude, comme si elle pouvait vraisemblablement noyer tant de beauté charnelle évidente sous sa logorrhée.

— Mais c'est quoi ce discours sur la race pure ? Tu y comprends quelque chose ?

Sophia était fan de Gad Elmaleh et ses blagues sur le chat et le chien, le poisson et le GPS marocain, les femmes qui entendent les bruits la nuit. Fary et ses confrères et consœurs la bouleversent. Cette nouvelle génération qui dénonce la xénophobie ambiante la met mal à l'aise. La ronge d'une culpabilité qui lui gâche la joie, lui efface le rire. Si elle pouvait fermer les yeux, se boucher les oreilles, ça la soulagerait.

Markus hésite. Il n'a pas oublié ce qui l'a amené ici, à l'autre bout de la planète. Être privé de son studio, de son synthétiseur, de son ordinateur est la pire punition qu'il puisse subir. Trois mois. Quatre-vingt-douze jours. Pour en finir avec cette charade. Faire bonne figure. L'idée du *nettoyage intérieur* ne lui déplaît pas. Il le ressent dans son corps et reconnaît ses bienfaits.

Markus aime la métaphore des cercles et des lignes dans le corps humain et dans le cosmos. Enfant, il adorait collectionner les billes, non pas pour jouer avec mais pour les contempler, fasciné par leur univers intérieur, minuscule, insaisissable. Il les repère partout. L'œil qui miroite une galaxie. Les lignes de vagues préhistoriques tracées sur les conques. Les rochers peignés et sculptés par le vent. La symétrie de lignes et de couleurs répétée à l'infini sur les corps d'animaux. Seul l'humain a évolué de façon si variée, disparate, manquant cruellement d'harmonie. Pour y trouver un quelconque schéma, il faut chercher à l'intérieur du corps. Non pas celui rempli de chair, de sang, de boyaux et d'os, mais celui qui est imaginaire, qui est né de l'imaginaire et qui nourrit l'imaginaire. Les cercles qui complètent les cercles. Les chakras qui s'ouvrent et qui ouvrent les chemins vers l'Autre.

Les choses sont simples au départ, simples et légères, pour certains chanceux, et elles restent toujours ainsi.

Les symboles suffisent. Les images comblent. Nul besoin de descendre plus bas, de tenter de démêler le vrai du faux, le rationnel du mythe, le mythe de la supercherie. Markus veut surfer, planer, rêvasser. N'est-ce pas qu'il est artiste ? Quelle obligation de se souiller avec la réalité horrifique d'un pays qu'il connaît à peine ?

Markus parle et Sophia l'écoute. Elle a envie de tout autre chose. Lui aussi. Les mots tombent comme de la poussière, comme du sable, s'accumulent à leurs pieds, les piègent et les empêchent d'aller là où ils ont vraiment envie d'aller. Les mots avancent et leurs corps restent immobiles, avides, assoiffés l'un de l'autre. Markus rit, il est capable de s'en amuser. Il regarde Sophia comme une poupée trop sage, pas la favorite, mais qui est là, s'il voulait il pourrait lui tordre le cou, arracher un bras, déchirer la robe. Il se penche vers elle, offre son visage chaud, son regard d'eau. Sophia rougit, tremble, n'agit point. Les secondes passent, les minutes aussi. Elle baisse la tête, la relève encore, le sourire coupable. Elle ne fera donc rien, jamais ? Il ne fera rien lui non plus. Ils se retirent un peu l'un de l'autre, conscients qu'ils peuvent reprendre le jeu quand ils veulent. Et c'est ce qu'ils font. Ils se penchent l'un vers l'autre, restent immobiles et se regardent, puis se retirent. Une épreuve inutile. Un défi puéril. Un goût délicieux de l'inachevé.

Markus ne va pas se prononcer sur les projets de l'Ashram. Cela le dépasse. Le Cercle ne peut pas le choquer, lui, le roi de la nuit, il en a connu des filles, sublimes, pas sublimes, des plans à tous les chiffres, à deux, à trois, à trente-quatre. Les gurus ont toujours couché avec leurs disciples. Ça dépend du standing, comment ils vont nommer et pratiquer les choses. Dans ce pays vaste et complexe, il existe sans doute des ashrams où les habitudes sont plus floues, sporadiques, moins cadrées. Ou encore, dans un entourage très restreint et confidentiel, sans engager les visiteurs et les visiteuses.

Il se rappelle que certains morceaux mythiques de la musique occidentale contemporaine, pop, rock, indie et techno, ont été créés grâce à l'influence du spiritualisme hindou sur les musiciens. Qui sait, peut-être que lui aussi créera un nouvel album, du moins quelques sons, qui seront comparés à *Paint It, Black* ou à *Hurdy Gurdy Man*. Surtout ce dernier qui lui semble être une variation sonore amusante de *Hare Rama Hare Krishna*.

Cela le surprend que la musique classique d'un pays entier soit attribuée à une seule religion, l'hindouisme. Pourtant la plupart des maestros musiciens de la musique classique indienne – vocalistes, sitaristes, flûtistes, percussionnistes – étaient des musulmans. Allauddin Khan, Bade Ghulam Ali Khan, Ali Akbar Khan, Faiyaz Khan, Bismillah Khan, Begum Akhtar, Amjad Ali Khan, père Allah Rakha et fils Zakir Hussain... Mis à part le très charismatique, cosmopolite Ravi Shankar, issu d'une famille hindoue d'artistes, frère d'Uday Shankar le danseur étoile, ami et compositeur préféré de Satyajit Ray, aucun lien n'est trouvé entre les musiciens occidentaux des années 1960 et ces maestros musiciens indiens de l'époque. Ils ont tous fini leur vie dans leur ville locale, diffusés à la radio, puristes, rigoristes, sans aura internationale.

Personne ne s'était interrogé à l'époque sur la raison

pour laquelle et par quels moyens une religion païenne imposant la discrimination hiérarchique des castes au sein même de sa communauté, sadique et masochiste donc, a pu être érigée en symbole de libération du corps et de l'âme. Les couleurs festives, les mets épicés, les tenues gitanes, la musique et la danse à tout bout de champ et le sexe à gogo : la méthode païenne a fait preuve d'une intelligence instinctive. À la place de l'interdit commun des trois religions monothéistes, un festin a été offert. Au fond, l'hindouisme file une alliance parfaite avec le consumérisme capitaliste. Il l'édulcore, ajoute les teintes psychédéliques, demande d'être immobile, de fermer les yeux et de garder le silence, et de ne laisser échapper de sa bouche fermée qu'un semblant de son comme le buzz d'une abeille, un Om.

Personne ne s'interroge, bien que les scandales dans des ashrams aient éclaté, les crimes commis par les gurus soient avérés, bien que les prêcheurs de l'abandon matérialiste possèdent des dizaines de Mercedes et de Rolls-Royce et d'hélicoptères, des immeubles et des terrains aux États-Unis et en Inde valant des millions de dollars. Le cas le plus outrancier fut celui de Rajnish aka Osho, dont l'ashram accueille toujours autant d'adeptes à travers la planète.

Sophia l'écoute et ne cache pas sa révérence pour lui. Derrière son air désinvolte, c'est un homme intègre, honnête. Ses convictions politisées, il ne peut pas les proclamer lors de ses concerts. Il y a quelque chose d'étouffé, volontairement, dans son attitude.

— Viens, j'en ai assez de rester assis.

Il se lève, s'étire, l'invite à prendre position.

Ils se mettent face à face, fléchissent les genoux, et les bras, leurs corps font des losanges. Impossible de ne pas se sentir heureux, de ne pas afficher un sourire de satiété. Il lève ses bras et les étire pour brasser l'air, les tend vers elle pour qu'elle suive les mouvements qu'il propose. Sans la toucher Markus la fait se courber, s'étirer, s'ouvrir. Sans la toucher il l'attire vers lui puis la repousse. Le visage luisant de sueur, Sophia voudrait reprendre haleine, mais Markus se met derrière elle. Son souffle chaud sur sa nuque, son parfum d'homme sur sa nuque, elle a très envie de se retourner d'un bond et de se jeter à son cou et c'est Markus qui l'enveloppe de tout son corps, ses bras autour de sa poitrine et ses jambes autour de ses jambes et son bas-ventre pressé contre ses fesses, il l'entraîne dans une danse sans musique, au ralenti et en accéléré, suivant le rythme de son sang qui bat dans ses veines. Il n'y a plus de doute, d'hésitation, les corps éveillés, en évidence, Markus veut lui montrer de quoi il est capable. Juste au moment où, affolée, elle lui saisit les bras et se retourne vers lui, il la relâche. Sophia manque de tomber, finit par s'affaisser au sol. Elle n'ose pas le regarder en face et se demande quelle attitude sera appropriée après une telle étreinte.

Comme si de rien n'était, Markus reprend le fil de son discours. Ce qui lui manque c'est une clope entre les doigts. Il s'allonge sur l'herbe, respire en grand.

Sophia fait semblant de ne plus avoir un corps en nage, un corps qui quémande, comme si elle n'était que sa bouche qui parle, que ses oreilles qui écoutent, comme si le seul lien qui puisse exister entre Markus et elle consistait à faire couler une averse de mots. Elle ne veut surtout pas lui paraître godiche au point qu'il cesse de lui parler.

Il lui raconte comment il s'éprend parfois de la conjoncture des dates historiques. Comment il établit dans sa tête un calendrier.

Les États-Unis dirigés par Kennedy entrent en guerre avec le Vietnam en 1955, avec pour but d'éliminer le communisme. Vers 1967 les manifestations contre la guerre deviennent massives. En 1968 les Beatles se sentent moralement épuisés et font un séjour à l'ashram de Maharishi Mahesh Yogi, fondateur de la Méditation transcendantale, guru des vedettes lui-même devenu vedette par la suite. Son ashram est fondé en 1963 grâce au financement de Doris Duke, l'héritière la plus riche, reine de la dynastie du tabac, amie proche de Jacqueline Kennedy-Onassis et philanthrope reconnue. Impliquée elle-même dans une accusation de meurtre non élucidé en 1966, c'est toujours Doris Duke qui paiera plus tard la caution de quelque cinq cent mille dollars pour la liberté conditionnelle de son amie, la première dame des Philippines à l'époque, Imelda Marcos, arrêtée avec son mari pour racket et détournement de millions de pesos d'argent public dans son pays. Pourquoi une telle richissime héritière américaine s'embarrasserait de faire construire un ashram luxueux en Inde? Pourquoi les artistes chanteurs britanniques et américains engagés contre la guerre du Vietnam, John Lennon, George Harrison, Joan Baez, Jim Morrison, Donovan...

y feront leur séjour spirituel ? Était-ce une stratégie de la part des gens de pouvoir ? Pour créer une diversion ? Divertir, neutraliser, endormir les personnalités et les peuples engagés contre la guerre ? Les capitalistes et les hindouistes avaient un ennemi commun : non seulement au Vietnam, mais aussi en Inde et aux États-Unis. Toute une nouvelle génération se trouvait sous l'emprise rouge. Il a fallu créer une échappatoire. Contrer la guerre politique par le pacifisme spirituel qui n'était autre qu'une guerre culturelle.

C'est tout de même rageant de constater que les hippies et leur mouvement antimatérialiste, antiguerre, qui semblent si spontanés, si purs, ont été nourris et logés chez les hommes marchands de temple eux-mêmes financés par le pouvoir, par leurs ennemis idéologiques.

Les mécènes multimilliardaires des années 1960, les patrons et les héritiers richissimes américains se sont métamorphosés. Ils sont moins visibles, ne se donnent plus en spectacle, mais financent dans l'ombre. Les gurus eux-mêmes, barbus et repus, ont cédé pour la plupart leur place à des prêcheurs *corporate*, vendeurs de manuels du nirvana, dirigeants d'ashrams high-tech attirant des milliers d'adeptes à travers la planète, manipulant les millions de dollars et d'euros.

L'État profond : Markus a l'impression de l'apercevoir, de le toucher à travers les strates sociales, de plus en plus transparentes.

Il ramasse son calendrier mental. Markus est excité par à-coups, fantasque et inconstant, rien ne le retient aussi longtemps que la musique.

— Mais quel est l'intérêt de mêler l'histoire du pays avec la quête spirituelle individuelle ? Quel rapport avec les conjectures politiques actuelles ?

Markus n'en sait trop rien. Il a grandi avec la culpabilité d'un Allemand lambda. Il en a assez. Il n'y est pour rien. Il veut outrepasser ces histoires crasseuses, honteuses. Sa musique l'emmène ailleurs, emporte ses fans loin avec lui, sans préoccupations nationalistes qu'il trouve ringardes. Il en a déjà trop parlé. Ce n'était pas prévu.

— Ben alors, les discours du Guru, de l'Assistant ne te choquent pas ?

— Ce n'est pas moi qui ai choisi d'être ici. Mon manager l'a voulu. Je le fais. Je me barre bientôt. Leur projet, leur discours, c'est leur problème.

Markus se sent déstabilisé. Il est évident que Sophia veut poursuivre la conversation pour le retenir auprès d'elle. Sophia n'est ni la plus belle, ni la plus brillante, mais sa vulnérabilité est désarmante. Il jette un regard furtif vers elle. Les derniers rayons rose orange flamboyants de l'après-midi ont transformé son visage. Elle a l'air d'être faite d'eau et de lumière. Chimérique, comme si, l'instant d'après, elle ne serait plus la même. Il la voit. Il sait ce qu'elle attend. Il regrette presque de lui avoir imposé la danse improvisée, elle n'a pas les reins assez solides pour l'encaisser. Un peu dérouté, pour cesser de dialoguer, il l'attrape par le cou, la retient près de son visage, se penche pour l'embrasser.

Et c'est là, dans cet instant précipité entre leurs

bouches, que Markus repère dans le regard de Sophia la lueur dansante, qui n'est pas la joie, ni même le désir, mais le désespoir, mêlé de crainte, comme si elle était au bord d'une falaise et s'accrochait à lui, à son baiser, comme si sa survie dépendait de ce baiser. Décidément, elle n'est pas fun cette fille, pense Markus, puis sans grand regret, juste un peu embarrassé, il la repousse.

Kate vérifie ses mails sur l'ordinateur du bureau. Les Verts en ont le droit.

Kate nourrit régulièrement son site et son blog. Elle y propose une introduction à la vie spirituelle hindoue. Une initiation au développement personnel, aux notions de sept chakras – du chakra Racine au chakra Coronal, à leurs impacts, à la méditation et au yoga. Ses explications plaisent à ses lecteurs, lectrices. Ils les trouvent à la fois logiques et poétiques. Chaque cercle désignant un aspect de la personnalité, une action corporelle, et les conséquences de ces traits de caractère, selon l'état du chakra, ouvert, hyperactif ou pas assez. Kate y propose des remèdes ayurvédiques, des plantes, fruits et légumes, boissons et épices à consommer. Puis, pour les plus engagés, les pierres précieuses et semi-précieuses à porter. Elle met en vente des bagues et amulettes en émeraude, jade, rubis, saphir... Pour les produits ayurvédiques elle met des liens de vente, vers le site marchand mondial massif. Les bagues et les amulettes en pierres précieuses peuvent être commandées sur son site directement. Elle a un fournisseur dont elle cache bien l'identité. On verra si avec le temps elle peut développer un partenariat plus intéressant. Pour l'instant elle gagne un peu d'argent, grâce aux clics, aux pubs, aux ventes. Chez elle, à Albuquerque, un cercle d'adeptes est en train de se former. Moins spectaculaire qu'en Californie, évidemment. Inimaginable de se mettre en compétition avec la Silicon Valley et ses techno-messies, son infrastructure hybride financée par les milliardaires. Mais ma foi, ça avance. Dans sa petite maison obtenue grâce à son divorce, elle accueille des groupes d'apprentis. Les cours de yoga et de méditation remplissent sa journée, lui permettent de payer ses factures.

Mais elle veut passer à la vitesse supérieure. Elle en a marre de courir derrière chaque sou. De choyer les gros et les grosses, des Blancs pauvres au cou écarlate, qui sentent le paquet de chips, qui, entre deux réunions AA, débarquent chez elle, croyant au miracle. Kate veut une clientèle haut de gamme, riche, branchée, élégante. Minces et bronzés, habillés en tenue formellement décontractée, ils lui amèneront des paquets. Aussi la célébrité. Fini les années 1980. Jane Fonda et son justaucorps fluo. Les gens ont toujours su écarter les jambes. L'important c'est ce que tu racontes pour les accompagner.

Kate ne ressent aucun doute quant à sa légitimité, aucune culpabilité. Elle est convaincue de vivre dans une société putassière.

Ses diplômes universitaires, sa licence en sciences

humaines, son énergie, son ambition, rien ne lui a permis de trouver un travail stable. Monomaniaque, elle se faisait reprocher de ne pas avoir suivi un double cursus. Un truc commercial, qui vend, qui apprend à vendre. Des théories abstraites, fumeuses sur la société, sur le genre humain, le marché du travail n'en a rien à cirer. Kate n'a fait qu'enchaîner des CDD en RH depuis ses vingt ans qui consistaient à recruter ses semblables en CDD, surtout à les virer. Supermarchés, fast-foods, grossistes en bricolage et quincaillerie, stations de lavage automobile : elle a fait le tour des possibilités. Les magasins de mode et de produits de beauté ne l'ont jamais recrutée. Kate était trop costaude, trop carrée pour que les clientes aient envie de s'identifier à elle, pour éveiller leur désir. Peu importe si elle colorait ses cheveux en blond, en châtain ou en brun, elle passait inaperçue. Un peu gourde, maladroite et triste de l'être. À trente-six ans, elle était déjà trop vieille, trop défraîchie pour le marché. Son amertume, elle la portait en poudre de soleil sur son visage, sa déception sur ses lèvres asséchées, et la colère comme du khôl noir.

Kate est consciente du gâchis. Pour survivre, il aurait fallu se faire gonfler les lèvres, les seins et les fesses et se foutre à poil sur les réseaux sociaux, se faire filmer dans un loft au bord de la mer, se chamailler avec les filles du même genre sous la douche, et coucher avec des inconnus dans la piscine. Là elle aurait gagné le pactole. Qui sait, elle aurait peut-être proféré un truc qui serait perçu comme un oracle, mieux que n'importe quelle citation littéraire, philosophique. Imprimé, décliné, répandu sur le marché des produits dérivés, elle aurait touché un nouveau pactole grâce au copyright. Érigée en modèle du subversif, en icône de mode singulière.

Non. Il a fallu qu'elle redescende. Même avec les chirurgies les plus acharnées elle n'aurait jamais ressemblé à ces poupées gonflables.

Depuis qu'elle a découvert le spiritualisme hindouiste, elle a réussi à enterrer sa déception. Elle a l'impression d'avoir créé sa zone de domination, pour les moins exigeants pour l'instant, certes, mais elle a bon espoir d'upgrader sa clientèle. C'est son deuxième séjour à l'Ashram. À la fin de quoi elle espère atteindre le rang des Safrans. Sa confiance l'a rendue généreuse. Elle prend sous ses ailes les Blancs, plus qu'il n'est exigé.

— Non mais Kate, je veux juste rencontrer un mec qui me traitera le week-end comme une petite salope et me respectera le reste de la semaine, c'est trop demander ? Je ne peux pas me gaver de citrouille et de fenouil pour autant !

Sophia cherche des conseils auprès de celle qu'elle considère comme sa nouvelle meilleure amie, son alliée, et qui sait peut-être son guide personnel.

Kate se voit obligée de lui rappeler que l'Ashram n'est pas une colonie de vacances, un club privé géré par un site de rencontres. Le principe est de priver le corps de ses vivres habituels, de maintenir le jeûne sous toutes les formes, de le vider, l'affamer et l'offrir au moment choisi par le Guru et pour le Guru à tous ceux auxquels il serait destiné.

Le mari de Kate avait cessé de l'aimer depuis longtemps. Il flirtait sans gêne devant elle avec n'importe quelle femme. Elle n'a jamais su s'il couchait avec elles, mais la cruauté de la mise en scène la tuait chaque fois un peu plus. Pas vraiment une lumière mais il avait plutôt réussi sa vie professionnelle comme agent immobilier. Il ne vendait pas des pavillons, mais les petits condos, les studios et les deux-pièces miteux dans des quartiers populaires se faisaient vite occuper. Jimmy prenait un malin plaisir à se moquer de Kate, de sa naïveté d'écolière, de son manque de pragmatisme, de son caractère flou, mal défini. Il ne l'aimait évidemment plus mais n'avait jamais accepté le fait de s'être séparé d'elle. Comme une racine pourrie d'un arbre abattu, il restait en lui des sentiments mêlés pour elle. Elle en voulait à Jimmy car la blessure demeurait ouverte en elle aussi et Jimmy ne la laissait pas cicatriser. Dès qu'elle était prête à vivre une nouvelle histoire, une ébauche, quelque chose de beau, quelque chose de vrai, il venait piétiner son château de sable.

Elle a trouvé le spiritualisme hindou, ou c'est lui qui l'a trouvée : ce fut une rencontre parfaite. Pour se blinder de Jimmy, pour en finir avec l'humiliation au foyer et les petits boulots, pour brûler les ponts. Kate s'est emmitouflée de ses habits nouveaux de jeune moine urbaine. Ça se démarquait dans la ville. Les voisins et les amis l'observaient subjugués, presque révérencieux. Sa conversion religieuse n'avait rien d'effrayant, de menaçant. Kate était belle à voir, enfin, pleine d'allure, de plus en plus sereine, de plus en plus heureuse. Jimmy faisait des commentaires narquois, lui rendait visite sous des prétextes bidon, un meublé loué.

L'idée de la petite maison sur roues lui a semblé alors la solution idéale. Kate fut une des pionnières du concept de *tiny house*, avant qu'il ne devienne un mouvement populaire aux États-Unis et au Canada. Ces maisons minuscules aux murs habillés de bardage en bois et au toit de tôle, vingt mètres carrés tout au plus au sol, petit salon, cuisine, douche et toilettes, coin nuit en mezzanine, roulotte des gitans version 2.1, la faisaient rêver. À la vente de leur maison conjugale, elle a récupéré une petite somme pour sa part, a fait construire sa coquille d'escargot, sa *chambre à soi*, et l'a placée dans une ferme, contre un loyer symbolique pour le terrain. Une maison en pain d'épices à la lisière d'un bois qui attire les curieux. Une hutte de sorcière du nouveau millénaire.

Jimmy aurait pu la railler, mais il avait l'air effaré. Pauv' Kate ! Vit maintenant dans une caravane. Non monsieur, ce n'est pas une caravane, rien à voir. Ce ne sont pas des habitations en PVC blanc pour vieux retraités fauchés, mais le logement du futur pour la génération future. La différence n'est pas de taille mais de structure, d'ambition, de récit. Panneaux solaires pour être autonome en énergie, système pour récolter la pluie et la transformer en eau potable, système de recyclage, de compost, de permaculture. Sur sa terrasse en bois qui cache bien les roues de sa maison, entourée de plantes, lampions et tapis colorés, Kate fait du yoga, accueille ses adeptes. L'amour, ce n'est pas seulement une question de positions au lit, mais sur la terre. Où tu te places, et où tu le places vis-à-vis de toi.

Kate regarde Sophia affectueusement. Elle veut la réconforter, elle veut surtout la recruter. Que son séjour ne s'achève pas en vain, qu'à la fin Kate puisse la présenter comme sa nouvelle recrue auprès des Safrans. Kate comprend ce qui ronge la conscience de la Française. L'idée du *laboratoire*, d'une *race pure*, du *nettoyage massif*, de la violence légitimée contre les musulmans ne lui sied pas. La révolte, même. Elle était effondrée après sa visite à l'atelier. Kate sait que Sophia parle, discute avec le DJ allemand. Comme des amoureux, au crépuscule, au bord de l'étang. Kate surveille leur jardin secret, elle veut arracher à coups de serpe les plantes, verser des gravats, mettre les choses à plat.

Sophia a été Charlie, quand il fallait l'être. Être Charlie c'était se laisser emporter par la vague d'émotion. Elle n'a pas fouillé dans les archives du journal tous les dessins anticléricaux, antireligieux. Pourtant, si t'es Charlie un jour, t'es Charlie pour toujours et contre toutes les religions, non ?

Sa foi est une gourde en peau de chameau. Procurée le temps du voyage. Une fois percée, elle va crever déshydratée dans le désert, la pauvre.

Kate improvise. Plus elle prêche, plus elle est excitée par sa propre verve.

Non mais ils sont cons les fanatiques islamistes. Regarde les hindouistes ! Apprends quelque chose ! Enlève les guenilles, ma foi ! Ces tas de chiffons noirs. Ouvre-toi. Montre-toi. Dévoile ton corps, éveille le désir. Propose quelque chose. Offre le bonheur. Le bien-être. Au lieu de te faire des ennemis. Au lieu de se mettre tous à dos. T'es masochiste ou quoi ? Raconte une belle histoire. Engage les *public writers.* Invente, réinvente ta fiction. Ajoute les parfums et les épices. Les couleurs joyeuses de fêtes. Rideaux, fauteuils, robes et étoles en couleur safran. Voilà comment on fait ! Placement de produit. Banaliser, normaliser, imposer ce qui est sectaire. Et reviens au corps. Tout commence là. À chaque mouvement, chaque manipulation, il va répondre à d'autres corps, il va les attirer vers lui, vers le bonheur. T'as jamais vu un Occidental partir à La Mecque ? Faire le hadj ? Faire un don à la mosquée du quartier ? S'agenouiller à la prière collective du soir ? Ils y vont en masse dans des ashrams et des temples, non ? Dans des manifs de Ganesh, et au yoga collectif sur le pont de la capitale occidentale ? Tu penses que c'est uniquement pour échapper aux schémas tracés du triangle monothéiste ? Uniquement par goût pour l'exotisme ? Tu penses qu'ils sont des abrutis ? Non mais parce qu'à la fin, ce qui compte, c'est ce que tu ressens dans ton corps, et comment tu l'assouvis. Bouffe. Baise. Puis prie.

Dans la modeste boutique de l'Ashram, à côté des accessoires de yoga, encens et bougies, Sophia a trouvé un ouvrage sur les temples hindous, un autre dédié exclusivement au temple de Khajurâho.

Quel amoureux de ce pays ne connaît pas le chef-d'œuvre architectural ? Sophia reconnaît les scènes d'amour et d'orgie sculptées sur pierre, vues tant de fois dans des revues et sur des sites. Ce qui attire son attention c'est un homme engagé dans un ébat sexuel avec un cheval. En face des naseaux de la bête plutôt sage, quoique les yeux écarquillés, se tient un autre homme, se caressant et s'apprêtant à passer à l'acte à son tour. Les amoureux ne sont pas seuls. Un homme épouvanté se blottit au fond. Puis, trois autres hommes viennent avec des bastons derrière. À première vue, Sophia a cru qu'il s'agissait d'actes plus sévères encore avec l'animal.

— Mais non, banane ! Ce sont des gendarmes. Ça

prouve bien que c'était fortement réprimandé, les rapports avec les animaux, Kate explique.

— Donc c'était tout de même envisageable ? Sinon la question ne se poserait pas !

— Le cheval est bien garni. Donc il n'est pas sauvage. Le pauvre ! Il se trouvait dans l'écurie de son maître et passait à la casserole régulièrement.

— Je dirais plutôt des garçons d'écurie qui vivaient sans femme, sans fortune. Donc ils se payaient un animal consentant.

— Comment ça, consentant ?

— Il aurait pu leur foutre un coup de sabot. *No means no.*

— Ce n'est pas toujours facile de se débattre.

Kate et Sophia décident de lire les lois religieuses à ce sujet.

« Lors de rapports charnels avec une bête, ou une prostituée et ses semblables, ou avec une bufflesse, ou avec une chamelle, ou avec une guenon, ou avec une truie, ou une ânesse, on doit accomplir la pénitence Prajapatya. » *Parashara Smriti,* psaume 12, chapitre 10.

Ou encore :

« Lors d'un rapport charnel avec une vache, le péché est absous par trois nuits de jeûne ; une vache doit être présentée à un brahmane en guise de redevance. En cas de relation charnelle avec une bufflesse, une chamelle ou une ânesse, le péché est absous par une nuit de jeûne. » *Parashara Smriti,* psaume 13, chapitre 10.

Clairement, la vache est la plus sacrée. Porter atteinte à sa dignité est très grave.

« Lorsqu'un homme a des relations sexuelles avec un petit bétail, il paiera cent monnaies comme amende ; pour une relation sexuelle avec une vache, il devra payer l'amende moyenne ; et la même amende pour une relation sexuelle avec une femme de basse caste. » *Narada Smriti*, 12.76.

En effet. Une femme de basse caste se situe au même rang social que les animaux.

Sophia est décontenancée. Ses lèvres tremblent. Elle a la nausée.

— Ça va ? Tu es toute pâle !

— Ça va, ça va...

D'instinct, elle sait jusqu'où elle peut se confier à Kate et quand il faut se taire.

Kate essaie de l'amuser en lisant la suite.

« Un homme qui a commis un crime bestial, ou un crime contre nature avec une femme, ou qui a eu des rapports sexuels dans l'eau, ou avec une femme menstruée, doit exécuter un Samtapana Krikkhra. » *Manu Smriti*, chapitre 11, verset 173.

— Imagine un homme qui sodomise une bête menstruée dans l'eau. Beurk ! Ça va barder pour lui, hein !

Sophia ne répond pas.

Kate continue sa lecture. Lui rapporte comment de toutes les façons, en commettant ces actes libidinaux contre nature, l'homme perd sa caste. Il chute, se trouve en bas de l'échelle. La pire des humiliations.

Elle voit bien que ça n'amuse plus Sophia. Alors elle essaie une méthode plus directe. Elle parle de ce qu'elle connaît, ici même, dans l'Ashram.

— Qu'est-ce que tu penses du Guru ? N'est-ce pas qu'il a l'air pur, sacré, détaché de toute préoccupation matérialiste ?

— Il ne participe pas aux nuits du Cercle. Qu'est-ce qu'il fait ? Comment il fait ?

— Le Guru a atteint le nirvana. Il n'a plus besoin de rien de terrestre, contrairement à nous autres.

— Il est assez gourmand. Il mange et boit à longueur de journée. Il sent le lait caillé. – Sophia est piquée par une soudaine curiosité. – Possède-t-il un cercle à l'intérieur du Cercle ? Préfère-t-il les hommes ? Les enfants ? Les animaux ?

Kate se redresse. Sophia pose trop de questions au lieu d'accepter les réponses toutes faites. Les formules apaisantes, dont le début et la fin, la cause et l'effet suffisent à eux-mêmes, la laissent indifférente. Pourtant, Kate connaît tant de Blancs et de Verts qui se délectent des aphorismes et des paroles mystiques, se rassasient, trouvent le chemin vers leur paix intérieure. Leur tentative est honnête, leur enchantement l'est tout autant.

Face à Sophia elle se sent démunie, à court d'idées. Elle la regarde tourner les pages du livre.

L'ouvrage sur les temples du pays propose un chapitre sur les Devdasis.

Servantes, épouses, amoureuses de la divinité. Classées en sept catégories, vendues, offertes, orphelines ou courtisanes par exemple, ces jeunes femmes, petites filles ou adolescentes, excellaient en chant et en danse, consacraient leurs jours et leurs nuits aux temples. Entre le VIe et le XIIe siècle, les Devdasis ont gagné un statut vénérable. C'étaient celles qui savaient maîtriser les pulsions humaines et incarner l'art dans son état pur.

Toujours ce besoin de créer une catégorie à part, un genre de paria particulier, pour regrouper les artistes femmes. Quoique quelques rares temples aient également compté de jeunes hommes et des garçons pour les mêmes services.

— Ils ne s'appelaient pas les Devdas – Sophia fait remarquer.

Au nord, les Baïjis à la cour royale danseront le kathak et chanteront le kheyal, le tappa, le thumri – l'héritage culturel sanskrit fusionné avec l'influence artistique musulmane durant l'ère moghole. Au sud, dans des temples, les Devdasis danseront le bharatnatyam, l'odissi, le kuchipudi.

Mariées aux dieux. Il va de soi que ce n'étaient pas les statues en pierre mais des hommes bien en chair et en os, les prêtres du temple, et aussi les élites de la ville, qui jouissaient d'elles. Certains temples grands et célèbres possédaient entre quatre cents et cinq cents Devdasis dans leur enceinte.

Vers 1880 ces pratiques seront considérées comme de la prostitution et seront interdites par le gouvernement britannique.

— Les réformistes ! Les abolitionnistes ! Que des hypocrites. – Kate ne peut plus se contenir. – Ils ont voulu salir l'image de la culture ancestrale du pays colonisé. Uniquement à des fins politiques, les autorités coloniales britanniques ont représenté le système des Devdasis comme de la prostitution, car tu devines bien qu'ils ont officiellement maintenu les bordels. Tu sais combien ces danses sont magnifiques !

Sophia ne répond pas. Elle évite de regarder Kate. Puis lit en murmurant la suite.

— Aboli en 1882, mais en 1982 une jeune fille de sept ans, Sitavva Joddati, dans l'État de Karnataka, a été faite Devdasi. En 1997, à vingt-deux ans à peine, elle fonde une ONG pour aider les Devdasis comme elle à s'évader de ce système. En 2018, elle est décorée du Padma Shri, l'une des plus hautes distinctions du pays, par le président.

— Ça c'est récent, les histoires de nos jours. Ce serait de l'anachronisme si l'on jugeait les crimes du passé, si encore ça en était un, avec nos valeurs morales d'aujourd'hui, ne crois-tu pas ?

— Ce système n'est pas considéré comme un crime, aujourd'hui non plus, par les gurus et les prêtres, si j'ai bien compris. – Sophia poursuit sa lecture. – L'État de Tamil Nadu a recensé 16 624 Devdasis ; l'État de Karnataka 40 600 en 2008 et plus de 80 000 en 2018 ! L'État de Maharastra ne dévoile pas le nombre de Devdasis, en revanche, il déclare les allocations attribuées aux Devdasis ! Sur 8 793 candidates, seulement 2 479 femmes ont été éligibles à ces allocations en considération de leur statut de Devdasi. Les études montrent que les raisons principales qui poussent les jeunes filles et femmes à devenir Devdasi sont leur handicap physique : surdité, mutisme, ou encore la misère : handicap social, je suppose.

— Elles sont prises en charge par l'État. Elles touchent une alloc. Où est le problème ?

Sophia ne parle plus. Elle ferme le livre.

Comment un tel ouvrage a-t-il pu être mis à disposition ici ? En quoi est-ce différent d'un sex-club ? De se faire souiller par les inconnus ? Si ce qui compte ce n'est pas l'acte mais le texte qui accompagne l'acte, alors comment faire le tri dans ces textes ?

Sophia ne dit plus rien mais les mots grondent en elle, montent en elle et la secouent comme une nausée.

Kate l'observe elle aussi en silence. Pour la première fois Kate a des doutes sur Sophia. Elle sent qu'elle s'est trompée. L'histoire des Devdasis ne l'a pas inspirée, Sophia en est révoltée. Sophia lui pose des questions gênantes. Pire : Sophia se pose des questions et ne les lui confie plus.

Devrait-elle signaler son cas aux Safrans ? Cela la désole. N'y aurait-il pas d'autre issue ? L'Ashram ne fait pas qu'influencer la musique, il s'en sert à son tour. La Fête de la Pleine Lune est dans deux jours. La danse chamanique aura lieu sur la pelouse, toute la nuit. Les livres étaient une mauvaise idée. Il faut la libérer des pensées rationnelles et lui offrir la vision de la beauté, dévouée à la divinité, la seule qui vaille.

En sortant de la boutique, Sophia souhaite aller à l'accueil. Elle doit prendre ses habits de rechange. Kate comprend qu'elle préfère être seule. Elle hoche la tête et la regarde s'éloigner, un peu triste.

Kate ne saura pas que Sophia tentera de récupérer son téléphone portable et de passer un appel en cachette.

Julie ne comprend pas bien ce qu'elle entend. Le téléphone l'a méchamment réveillée. Elle ne pouvait pas refuser l'appel, si Sophia l'appelait si tôt le matin, considérant le décalage horaire, c'est qu'il y avait bien une urgence. Pour ne pas réveiller son copain, Julie sort de la chambre et s'installe dans le salon.

À l'autre bout du fil Sophia pleure. Elle ne sait pas ce qu'elle fait. Elle ne sait pas ce qu'elle doit faire. L'expérience orientale l'a déroutée. Elle a des doutes.

Pourtant elle n'a pas le courage de quitter l'Ashram. Un mois entier s'est écoulé. L'apaisement des premiers jours a disparu. Elle se sent de nouveau hagarde, assoiffée. Elle sent aussi la dépendance. La routine journalière l'a conditionnée. A conditionné son corps. Un récipient autonome, détaché d'elle, qui se nourrit, s'aère, s'étire et se tord, qui se plie à la volonté des autres. À part les prières collectives et les discours du Guru, aucune information, aucune parole, aucune histoire n'est accessible. Les émissions pourries de la télé lui manquent. Les spots publicitaires de la radio lui manquent. Les journaux, magazines, brochures publicitaires qui débordent de la boîte aux lettres lui manquent.

Mais ce n'est pas tout. Sophia attend quelque chose. Un signe. Un mot. Un geste. Quelque chose. De Markus. Sophia est têtue comme une mule. Elle est surtout réveillée par un espoir trop longtemps étouffé, qui craquelle désormais la surface bétonnée de son cœur, perce et surgit en plein jour.

Julie n'arrive pas à la suivre. Sophia ne dit rien de précis. Ses phrases sont hachées, coupées. Elle chuchote. Renifle. Puis soudain très calme demande :

— Il est comment ?

— Qu'est-ce qui est comment ?

— Le matin ? Décris-moi le matin.

Julie respire un grand coup. Puis regarde autour d'elle. Les meubles plongés dans la pénombre. Derrière les persiennes l'aube est hésitante. Les oiseaux piaillent comme les ouvreurs du théâtre, tirant avec leurs griffes le rideau de la nuit. Julie décrit l'aube de la petite ville de province à son amie qui pleure à l'autre bout du fil, à l'autre bout de la planète.

Julie mettra du temps à comprendre que la communication a été coupée, qu'elle parlait dans le vide.

*

Un Safran a saisi son téléphone. Un autre l'a prise par le bras. Tous deux l'ont emmenée auprès de l'Assistant.

Il secoue la tête comme s'il savait que ce moment allait venir un jour.

— Vous n'êtes pas en prison ici, mademoiselle. Mais vous avez accepté de suivre le règlement de l'Ashram.

Sophia bredouille, invente une excuse, soudain consciente du ridicule de la situation. Elle n'est pas une petite pensionnaire en face des précepteurs.

L'Assistant ressent aussitôt son relâchement. Il veut la redresser par son regard.

— Vous devrez faire votre pénitence. Cet égarement est une faute grave.

— Que dois-je faire ?

Sophia se rappelle les psaumes sur les péchés et les pénitences qu'elle vient de lire. Ils ne décrivent que les péchés commis par l'homme. La femme, les animaux sont présentés comme l'objet ou la cause du péché. Quel châtiment pour une femme pécheresse ?

— Vous serez placée dans l'isoloir. Privée de parole. Il vous est totalement interdit d'être en contact avec qui que ce soit. Ni avec votre guide Vert, ni avec les autres Blancs. Cet isolement sera purificateur, vous verrez.

L'Assistant lui jette un regard narquois avant de quitter la pièce.

Les deux Safrans la font entrer dans une chambre derrière l'accueil. Les portes des pièces voisines sont fermées avec des cadenas. Un espace exigu sans fenêtre, matelas posé au sol, le linge de lit sent l'eau de Javel. Sophia reste incrédule. Soudain elle pense à Kate. Son seul secours peut-être ! Est-ce qu'elle est au courant ? Ses jambes vacillent. Sophia s'appuie contre le mur. Puis s'affaisse au sol.

*

Elle ne saurait pas dire combien de temps elle est restée prostrée ainsi. Une odeur moite et âcre l'alerte, comme si elle était près d'un puits condamné. Les murs sont grignotés de moisissure, le sol aussi. Elle se lève d'un bond et va frapper à la porte. À sa grande surprise, la porte n'est pas fermée à clé. Les battants s'ouvrent grand. En face d'elle, le couloir vide, les chambres voisines toujours fermées par des cadenas. Sophia se précipite pour sortir mais ses jambes restent immobiles. Et si c'était vrai ? Si c'était purificateur ? Ce n'est pas faux, elle a brisé les règles. À peine un mois, elle n'a pas tenu. Elle a même beaucoup triché, bavardé avec Markus, dérivé, négligé sa quête spirituelle. Autour d'elle, les Blancs et les Verts semblaient concentrés, calmes. Sophia a honte. Des remords. Elle referme la porte, revient vers le matelas, étend le drap, tapote l'oreiller. Puis s'assoit au sol en position du lotus, les yeux fermés. Au bout de quelques minutes elle ne ressent plus l'odeur, la moiteur, elle ne ressent même plus le sol. C'est une drôle de sensation, un jeu, un défi. Sophia s'y lance. Pendant combien de temps peut-elle tenir ainsi sans ressentir le sol, comme en lévitation dans l'air.

*

D'abord, ses pensées butinent. Impossible de les rassembler. Lorsqu'elles se raréfient, ralentissent et s'immobilisent entre les yeux, Sophia y voit le visage de Markus. Ni les paroles saintes du Guru, ni les consignes grandiloquentes de l'Assistant, ni les principes de la méditation ou du yoga ne viennent lui tenir compagnie. Isolée du clan, dans cette pièce maussade et moisie, dans le vide qu'elle ressent dans son ventre, elle saisit l'image de Markus comme une noyée attrape une branche d'arbre. Il ne sourit pas, ne parle pas, l'observe en silence.

Alors Sophia parle à Markus qui n'est que dans sa tête, entre les yeux.

Je pense à toi à mon réveil. Je pense à toi en me couchant. Tu me manques. Tu me manques même quand tu es là devant moi. Tu me manques parce que je ne suis pas toi. Je ne serai pas toi, je ne serai pas ta peau, ton visage, tes yeux. Imagine que je me transpose à l'intérieur de toi et à travers toi je me regarde, je regarde le monde. Peut-être que ce serait le seul moyen pour me rendre heureuse, un peu. Aide-moi ! Aide-moi à dire ce que j'ai envie de te dire. Ce n'est pas que je veux faire l'amour avec toi, je veux juste cesser d'exister en dehors de toi. Je veux devenir une miette, une petite particule, un atome et je veux me fondre en toi. Prends-moi pour que je n'aie plus ce corps. Efface-le. Efface-moi.

Je ne supporte plus d'autres peaux, d'autres voix. J'ai envie de hurler et de les faire taire. Je suis portée par mon élan. Je sais dire mais je ne sais pas répondre. Quand tu me réponds, je suis pétrifiée, de joie, de peur, d'espoir trop grand. Et tu penses que je me dérobe. Que je joue avec toi. Pense juste que je suis maladroite. Que je suis malheureuse. Ce que je sais faire c'est courir. Hagarde. Assoiffée. Comme un cheval sans maître, sans harnais, qui dévale les prairies la nuit.

Tu ne dis rien. Ça ne fait rien. Aimer c'est attendre. Je ferai le vœu de chasteté. Je mangerai du sable chaud s'il le faut. Je ne cours plus. Je m'immobilise. Je t'attends toi.

Sophia parle et Sophia pleure. Les larmes ruissellent sur tout le visage. Puis elle se tait. Épuisée. Vidée. Avec le sentiment d'avoir accompli quelque chose.

*

Sophia ne ressent pas la faim. Ni la soif. Ni aucun malaise. Elle se tient droite. Elle tient bon. Dharma : la religion, terme dérivé du verbe *dharan*, signifie *ce qui nous porte, ce qui nous tient.* Sophia est portée par son zèle qu'elle peut désormais reconnaître comme son Dharma.

Comme un éclair il lui vient une idée : et si c'était ça, avoir la foi ? Les amoureux se répètent inlassablement *je t'aime* et les croyants leurs mantras – pour faire jaillir en soi la musique obsédante qui tente d'atteindre, sinon de se substituer à l'absent adoré. Avoir la foi c'est avoir en soi quelque chose d'inexplicable et pourtant évident qui nous apaise, qui nous rend soudain sereins.

Le jour avance. Sophia n'a plus la notion du temps. Son ventre brûle comme un âtre, assèche son corps entier, la fumée lui monte à la tête. Cerveau embrumé, Sophia plane dans un vague sentiment de satiété. C'est étrange comme le vide, le manque, la privation de repas, d'eau, de pensée, de parole, de mouvement peuvent combler un humain.

Si elle ouvrait les yeux, elle verrait que le dernier rayon du soleil a quitté le couloir, les ampoules ne sont pas encore allumées, et les Safrans et les Verts s'affairent dans la pénombre pour préparer la cérémonie du soir.

On frappe à la porte.

Sophia met quelques secondes à se ressaisir, et au moment de se lever ressent une douleur aiguë dans sa jambe gauche. Comme un nœud au niveau du mollet. Elle se masse la jambe, essaie de se relever malgré la crampe, mais finit par pousser un cri.

Deux Safrans entrent dans la pièce. Sans parler, ils la relèvent, la ramènent jusqu'à la porte.

Sophia serre les dents et leur dit combien elle souffre. Elle pense qu'elle devrait consulter un médecin.

Les Safrans s'esclaffent, en la tenant par les bras l'emmènent dans une pièce, garnie d'un grand portrait du Guru accroché au mur, décoré de guirlandes de lotus. L'Assistant se tient juste devant.

Sophia s'empresse de lui relater son expérience dans l'isoloir. Enjolive sa séance de méditation. Sourit un peu en se plaignant de la douleur à la jambe comme pour s'excuser.

— C'est ainsi que les sadhus atteignent le paradis. Vous avez de la chance. Vous n'étiez pas loin.

— Comment ça ?

— Les sadhus, les saints, restent immobiles en méditation pendant des jours, voire des semaines. C'est en cette position du lotus qu'ils quittent leurs corps terrestres. Volontairement. Ça s'appelle Ichha-Mrityu. La mort volontaire.

— Ils se suicident ?

— Ça ne s'appelle pas un suicide ! – L'Assistant parle en sifflant comme une vipère en colère. – Vous ne pouvez pas comprendre. Mais ne salissez pas nos actes sacrés par votre désinformation occidentale.

Il donne l'ordre aux Safrans de conduire Sophia au dortoir collectif.

Sur son chemin, Sophia cogite. La douleur la fait boiter. Soudain elle s'arrête. Mais ma foi, c'est une phlébite qu'elle s'est infligée en restant immobile pendant elle ne sait combien d'heures ! Est-il possible que ce soit le secret de la *mort volontaire* des sadhus depuis des siècles ? Ils succombaient à une embolie pulmonaire ? Générée par une thrombose veineuse profonde lors de leurs longues séances de méditation ? Le sang ralentit, coagule, forme un caillot. Un magnifique petit rubis fait de cellules vivantes chemine vers les poumons, obstrue le passage, empêche l'oxygène de circuler et provoque la mort.

Sophia a le cœur serré. Les pauvres gens ! Affamés, dépouillés, réduits en squelettes, ils meurent en se racontant des mensonges glorieux. Ils ignorent la science, la science les ignore tout autant.

Installée dans son lit, la jambe affectée rehaussée sur les oreillers, Sophia caresse sa pierre précieuse, tandis qu'une lune blonde et voluptueuse monte au ciel du soir.

Au milieu de la nuit, Markus va vers l'étang. Il contourne l'endroit sur l'herbe où souvent il s'assoit avec Sophia. Il se dénude et se glisse dans l'eau verte, transparente vers le fond. Quoique fraîche à la surface, elle lui paraît tiède lorsqu'il se laisse engloutir dans son ventre mouvant. Markus se tient droit avec les bras étirés, les yeux ouverts. Ses boucles blondes flottent comme des algues. Les poissons réveillés viennent le bécoter. Ils se répartissent tout au long de son corps, on pourrait croire que ce sont eux qui le portent et le tirent vers le lit d'argile.

Markus veut se laver des souvenirs, des images, des parasites sonores et tactiles. Mais ses oreilles ne sont jamais complètement vides. Les ondes de la musique qu'il n'a pas encore composée, qu'il a écoutée ailleurs, se confondent et ondulent en permanence. Au fond de l'eau il cherche sa salle anéchoïque. Rien que pour quelques instants, il veut trouver le silence absolu. Mais il est condamné à la musique, enchaîné, ligoté. Ses fans et critiques s'extasient devant sa création qu'ils qualifient de viscérale. Si seulement il pouvait s'en défaire un instant, une journée entière. Rien à faire. Les ondes ne cessent jamais de monter. La musique joue en boucle dans un coin de sa tête comme dans un garage blindé.

Comment s'extraire de tant de sons accumulés depuis des années ! Parfois il craint de devenir sourd, de ne plus entendre la musique qu'il crée, de continuer à composer malgré lui par une pulsion organique. Markus veut plonger en apnée dans l'eau pourtant pas si profonde.

Il revient à la surface. S'adosse au bord, le corps plongé dans l'eau jusqu'à la taille. Il a une érection belle et franche. Il se contemple sans se toucher. Quitte l'eau et s'allonge sur l'herbe, la verge bombée sur le ventre. Le ciel est rempli d'étoiles. Il a l'impression qu'elles zozotent comme autant de criquets. Pour qui son corps se réveille-t-il ? Markus cherche un visage aimant, un corps à ravir, parmi tant de visages, tant de corps qu'il a aimés, désirés, délaissés, regrettés.

Markus a un cœur vagabond. Il le suit là où il l'emmène. Il ne joue pas avec les autres, il joue avec lui-même. Avec un ballon rouge palpitant, vivant, sur sa main. Un cœur trop sollicité. En surmenage. Que doit-il faire ? L'écraser en morceaux et souffler les confettis écarlates dans l'air ? Fête de couleurs. Colorez-vous. Caressez-vous, mes jolies dames.

Markus a un cœur-ruche. Dans chaque alvéole l'amour goutte, se densifie, se bonifie comme du miel. Les abeilles travaillent nuit et jour.

Markus cultive le silence autour de lui comme un jardin enchanteur et croque aux mots rares et juteux quand cela l'amuse. Et la cour affolée est prête à soulever la montagne pour attirer son attention. Si jamais Markus compose un morceau, un son en faisant un clin d'œil, par un baiser secret, un hommage sincère, un soupir, un regard ! C'est si beau, si précieux, même une miette de lui ! L'homme entier, personne ne l'aura, personne ne sait où il est, sinon seul, au fond des eaux vertes à peine fraîches qui ont préservé le soleil dans leur ventre.

Les peintres et les sculpteurs jouissent de plus de liberté. Ils peuvent inviter leurs muses ou les clochards dans leur antre, leur demander de se dénuder en toute impunité et s'en inspirer. La transaction serait moins évidente pour les musiciens, ou les écrivains, sans que l'on crie au scandale.

Les années ne laissent aucune trace sur lui. Il est agile comme un adolescent. Son corps répond à celle qui est devant lui au moment venu et cela sonne juste à chaque fois.

Les visages sont juxtaposés, calqués les uns sur les autres. Un regard lui rappelle un autre regard, d'autres yeux, les couleurs se mêlent. Un soupir fait fondre un morceau de sucre à côté d'une tasse de café dans une autre ville, un jour d'été. Le parfum d'un cou l'excite, s'éloigne aussitôt vers un dos surgi comme une dune. Le rire monte à la vitesse du vent et déterre les souvenirs comme une cité antique. Et toujours, toujours les cœurs qui enflent, se libèrent des carcasses et voltigent dans l'air.

Allongé sur l'herbe Markus pense à ses nuits au Cercle, aux femmes qu'il a connues, désirées, satisfaites. Il trouve que c'est assez étrange qu'il n'y ait pas encore croisé Sophia. Est-ce délibéré ? Quelqu'un a-t-il remarqué quelque chose ? L'idée d'une rumeur ne lui déplaît pas. À défaut de vivre une histoire réelle, il lui restera au moins les soupçons d'une possibilité. Peut-être est-ce parce qu'elle est à la fois vacillante et charnelle qu'elle lui semble si attachante. L'émotion qu'elle suscite en lui est une drogue douce. Markus se laisse planer en pensant à Sophia, l'esprit légèrement brumeux. Il pense à l'après-midi où ici au bord de l'étang il a failli l'embrasser. Comme un passager dans un train assis un instant à ses côtés, il l'a regardée, sidéré par son propre désir. Tous les autres moments cherchent à remonter vers ce moment-là, à raviver l'enchantement premier.

Markus veut préserver la joie de ces retrouvailles, légère et à peine perceptible. Il veut empêcher le virage où le plaisir se transforme en supplice, la gratitude en réclamation. Il veut empêcher Sophia de prendre ce virage, la retenir avant que cela ne soit trop tard. C'est un mouvement de danse. Une pirouette et hop, il la fera voltiger dans l'air et la redéposera ensuite au sol.

Et surtout, surtout il faut du silence. Il en a assez des mots, des déclarations grandiloquentes. Sophia parle trop. Comme une vieille du village qui radote, qui raconte des fables aux enfants déjà endormis. Comme une adolescente mal dans sa peau. Elle est à la fois vétuste d'esprit et très immature. Qu'elle est maladroite ! Qu'elle est nulle ! Markus rit tout seul. Cela l'excite de la savoir si éprise de lui. Déjà défaite sans qu'il la prenne. Il en a vu des fans, des groupies, ça vient et ça s'en va, des filles conscientes de l'entente tacite et éphémère, de vraies joueuses, parfaitement comblées. Celle-là, elle est perchée, ma foi ! Mais viens quand tu veux. Fais-moi signe et je serai là. Rien de compliqué. Pourquoi cet air de l'opéra à chaque rendez-vous ?

Aime-moi, je ne t'empêche pas. Mais cesse de pleurer, pitié !

L'amour est un dédoublement de soi. On se croit dans la tête de l'aimée et on se donne des répliques dans un dialogue imaginaire. Markus n'est probablement pas amoureux de Sophia mais cela lui plaît de caresser l'idée. Tiraillé lui aussi, oscillant entre l'envie de découvrir cette femme qui s'offre à lui et la crainte que rien ne soit simple après. La brise bleue l'apaise, l'attendrit. Entre le désir chien et l'instinct affectif de la protéger de lui-même, il choisit. Alors allongé sur l'herbe, en attendant de voir l'aube à l'envers, il parle avec elle qui n'est pas là et qui est, il le sait, tourmentée.

Tu sais comme il est bon de regarder l'être aimé ? Boire, boire sans fin la lumière de ses yeux ? Alors regarde-moi. Regarde-moi te regarder à mon tour.

Tu ne penses pas que le signe « + » ressemble à une croix ? Que chacun doit la porter ? C'est un croisement des chemins. Tu ne vois pas un carrefour isolé au fond d'une forêt ?

L'éternité + un jour. L'amour c'est le jour de plus, un jour de trop. Dans l'amour il y a une verticalité du temps. Il monte comme une fièvre, te ravage, il descend aussi. L'amitié, c'est le reste, c'est l'éternité. Enveloppante, rassurante. Une source intarissable d'affection. Je t'offre l'éternité, pourquoi tu la refuses ?

*

Sophia n'a pas pu participer à la Fête de la Pleine Lune. Immobilisée par la douleur à la jambe, elle l'a observée depuis sa fenêtre, par bribes. Une petite foule ondulait au rythme de la musique répétitive et enivrante. Elle a repéré Markus, Kate, et d'autres visages familiers de Blancs, Verts et Safrans. Peut-être parce qu'elle en était exclue, peut-être parce qu'elle souffrait beaucoup, la cérémonie lui semblait ennuyeuse, un peu niaise.

Elle continuait à suivre Markus du regard. Il apparaissait un instant, disparaissait derrière la foule au rythme de la musique. Avec des linges trempés d'eau chaude sur la jambe, elle s'est endormie elle ne sait pas quand.

Penser à Markus lui donne envie d'écouter les chansons d'amour, celles qu'il ne suffit pas d'écouter mais que l'on doit accompagner en chantant et en buvant beaucoup. Les écouteurs aux oreilles, on a l'impression de chanter mais on ne fait que hurler, pleurer, emporté par les vagues de la mélancolie, arraché à soi-même, prêt à se fracasser contre le visage absent d'un amour perdu, inatteignable, inaccessible à jamais, une chimère qui danse sur les tourments, le bel amour de toutes les chansons, foudroyant, terrible, magnifique.

L'amour est un dédoublement de soi. On se croit dans la tête de l'aimé et on se donne des répliques dans un dialogue imaginaire. Allongée sur son lit, elle parle avec l'absent, qui, elle ne le sait pas, pense à elle.

Sophia repousse l'idée de passer à l'acte. Elle craint

que ce ne soit pas le début mais la fin de quelque chose. Dans le décor dépouillé de l'Ashram il ne lui reste que des gestes et des pensées primaires, elle ne se permet pas d'envisager si dehors, à Berlin ou ailleurs, elle aurait eu accès au concert du DJ, si oui, aurait-elle franchi le cercle de sécurité, parmi ses fans, amies, amoureuses, aurait-elle eu la moindre chance de l'approcher. Sans le passé et sans l'avenir, elle est suspendue dans le hamac tissé de ses rêves le temps d'un séjour tropical. Le cadre contractuel soudain la terrifie. Elle ne sait pas comment inventer de nouveaux prétextes pour continuer à voir Markus.

En fin de compte Sophia ne sait rien de Markus. Elle ne sait pas que comme un adolescent, Markus retrouve à chaque rencontre son innocence, son émerveillement. Son cœur est une plante radieuse, qui se régénère sans cesse, épaisse, verte, toujours en fleur. Elle ne sait pas comment il embrasse quand il embrasse. S'il tremble avant de prêter ses lèvres ou s'il fait durer par malice les moments qui séparent les deux bouches, s'il avance lentement, ou au contraire s'amuse à attraper le cou et à plonger sa langue dans l'inconnu, tient son amante par la taille d'une main et par les cheveux de l'autre. S'il est délicat ou s'il est brusque. Prononce-t-il les mots doux, ou au contraire murmure les obscénités ? Comment il regarde quand il regarde son amoureuse ?

Sophia ne sait rien de tout cela sur Markus. Elle est jalouse de l'air qu'il respire, de l'eau qu'il boit, des spaghettis à la sauce bolognaise qu'il met dans sa bouche grande ouverte, tête renversée. Elle est jalouse des vêtements qui préservent son odeur, des rues qui font résonner ses pas, des cafés qui gardent les éclats de ses rires, des dunes qu'il dévale et de la mer, de toutes les mers et de leurs ventres émeraude mouvants où il se rend seul.

Après tout, qu'est-ce que c'est, une âme sœur ? Ce n'est pas une amoureuse idéale mais un prolongement de l'homme, sa version féminine, sa jumelle un peu plus fêlée, un peu plus paumée qu'il doit sauver.

L'être aimé est un marcheur. Il marche dans la tête sans arrêt. C'est un défilé de mode d'un seul mannequin qui dévale le podium au ralenti, printemps, été, automne, hiver, en tenues extravagantes, peau dénudée, déhanchant, dédaignant, sublimant par chaque coup de reins dans l'air la décharge érotique. L'être aimé traverse les saisons. Comme un survivant sur une île déserte, dans la tête il bâtit sa hutte, dessine sur les rochers, allume le feu. Il n'a besoin de rien ni de personne, parfois il grille des mots en guise de gibier.

Sophia se réveille avec l'odeur de la viande rêvée. Elle est en nage. Penser à Markus lui donne envie de dévorer un gigot entier. Elle caresse la ligne de sa mâchoire vide, sans emploi.

Il faut qu'elle se lève pour participer au yoga collectif. Le repos, les compresses d'eau chaude semblent fonctionner. Le caillot de sang s'est résorbé. Sophia marche de nouveau normalement. Soudain elle a hâte, à l'idée de retrouver Markus. Le jour lui semble une continuité de la nuit, sans rupture, sans entrave, juste un peu éparpillé.

Le ridicule ne tue pas, mais parfois il fait s'écorcher les genoux.

Il faut dire que Sophia tombe au moins une fois par an. Sur le verglas en hiver, sur les pavés secs en été. Il arrive un moment où ses pensées et son corps ne sont plus synchronisés. Les deux sont déconnectés, avancent chacun de son côté. La tête plus lourde que le corps, ses pensées affolantes l'emportent et la font voltiger.

C'est ce qui se passe ce matin aussi. D'abord elle trébuche, plutôt banal comme incident, ensuite elle est soulevée par une force, on dirait, littéralement dans l'air, la longue jupe corolle renversée comme celle d'une ballerine, elle comme un canard touché par une balle invisible, quelques instants d'incrédulité, puis fracassée contre le pavé. Une fois relevée, les genoux saignants, elle pense au dicton, modifié depuis la chute.

Celui qui marche sans cesse dans sa tête l'a décentrée, l'a arrachée à la gravitation et l'a envoyée en l'air. Elle a mal atterri, c'est sa faute. Malgré la douleur Sophia finit par rire.

Lorsqu'elle avance vers la pelouse, Markus sort de l'assemblée et vient vers elle. Ce mouvement est si inédit ici, comme s'ils se retrouvaient non pas dans ce huis clos mais dans une grande ville européenne, parmi la foule et le vacarme, où Markus traverserait la rue pour la rejoindre. Les Blancs, les Verts et les Safrans sont figés par un unique filet de silence, les yeux comme des poissons agiles. Un haussement d'épaules, le pas pressé, Markus fait savoir qu'il n'en a rien à cirer.

— Qu'est-ce qui t'arrive? – Il observe ses genoux en sang, sa longue jupe couleur pêche qu'elle a relevée pour éviter de la tacher. – Tu as le droit de porter autre chose que le pantalon?

Sophia lui explique que depuis le caillot de sang dans la jambe elle est autorisée à choisir une tenue qui lui semblerait confortable. Markus se penche vers elle pour mieux l'entendre car Sophia articule à peine. C'est nouveau ça! Maintenant elle perd ses moyens devant Markus. Elle si bavarde et enjouée, prête à faire ses quarante acrobaties pour le séduire, soudain tremblante, rougissante telle une adolescente. Peut-être que le fait d'avoir été éloignée de la tribu pendant une semaine l'a fragilisée. Peut-être que l'odeur mâle mêlée de sueur et de soleil lui rappelle que ce n'est plus une de ses idées nocturnes mais que l'homme est bien là, en chair et en os, et que si elle voulait elle pourrait caresser son beau visage, ciselé et si près d'elle.

— Oui, une égratignure, ça n'a pas l'air bien méchant mais il faut la laver.

Markus l'entraîne à la pompe à eau, la fait s'asseoir sur la margelle cimentée, presse et tire le manche long de l'engin, puis ramène de l'eau au creux de ses mains jointes. Il s'agenouille devant elle et verse de l'eau sur sa blessure. Il continue à lui parler, à la consoler comme si elle était une petite fille.

Sophia aime la voix de Markus, grave et par moments dense. Elle aime sa façon de prononcer son prénom comme si chaque syllabe avait de l'importance, un sens tout particulier. Elle sent que cela lui fait plaisir de le prononcer. Markus dit des choses du quotidien, mais sa voix fait vriller les mots au fond d'elle. Markus est un tatoueur des mots qui s'ignore. S'il continue ainsi, bientôt le corps de Sophia sera couvert de phrases, paragraphes, chapitres... d'un livre entier.

— Sophia ! Qu'est-ce que tu regardes ?

— J'aime tes clavicules. Elles vont jusqu'où ?

— Pas très loin.

Sophia éclate de rire. C'est cela aussi Markus, il la fait rire quand elle ne s'y attend pas du tout. Mais rien ne lui suffit. Chaque échange avec Markus l'exalte quelques instants, une journée tout au plus, elle comprend enfin le sens du mot *essentiel*, qui relève de *l'essence*, du carburant, qui la fait tenir, courir, puis la laisse hagarde, assoiffée. Elle en veut toujours plus. Une poche d'oxygène, qui se vide, goutte par goutte, elle finit par s'agiter asphyxiée.

Peu importe ce qu'il a fait, peu importe ce qu'elle a fait jusqu'alors, en dehors des rituels, en dehors de l'harmonie monotone et de la confusion nocturne du Cercle, il existe un espace vierge entre lui et elle. Il est si bon de courir vers cet endroit ! De marcher parfois, reprendre son souffle, puis courir encore et de le voir s'éloigner sans cesse. Les jours de Sophia ont enfin un but.

Le temps n'existe pas pareil pour tous. On fait ce qu'on veut avec lui. On le fait se tordre, se courber, s'émietter, en un battement de cils, en une seule blessure qui saigne, on efface les jours ou les années, on se retrouve exactement là où l'on était au début de toute chose.

Maintenant que Markus se relève et invite Sophia à rejoindre le groupe, la brèche reste entrouverte.

— Cette nuit?

— Comment?

Sophia est si étonnée qu'elle ne sait plus quoi lui répondre.

— Je peux venir si tu veux.

Markus est soudain excité à l'idée de coucher avec cette fille. Cela le changera des rituels collectifs, des partenaires bien rodées. La naïveté de Sophia est rafraîchissante. Cela l'amuse de la voir agir hors-sol, hors contexte. Tiraillé entre son envie de la protéger de lui-même et son désir chien, il choisit. Ou plutôt il laisse son corps décider à sa place.

Sophia regarde ses pieds pour cacher son sourire.

— Tu viendras?

La voix de Markus s'étend comme une après-midi lente d'été, l'enlace et l'enveloppe. Il est si près d'elle, Sophia peut humer son odeur moite, effleurer sa silhouette frêle, musclée, sa peau hâlée, et son visage, le beau visage de Markus. Il a l'air composé au départ puis, plus il s'impatiente, plus il est troublé. Son corps tendu est un violon, les nerfs vibrent à chaque mot, il attend quelque chose de Sophia, il la supplie presque, et pour la première fois Sophia a l'impression qu'il l'aime.

Comment se retrouver au rendez-vous sans les téléphones portables? Le gadget de l'amour moderne lui manque. L'appeler, ou mieux encore – pour éviter d'être paralysée par ses émois, d'être à court de mots, d'avoir l'air bêta – lui envoyer un message. Choisir chaque mot, virgule, pause, paragraphe, puis attendre. Le moment où il aurait lu son message. Le moment où il lui aurait répondu. Voir apparaître les trois points de suspension. Les voir palpiter au rythme du cœur, disparaître, réapparaître. Et enfin les mots qui auraient été tagués sur son écran. Des graffitis clandestins des amoureux clandestins.

— Ici, devant l'étang. Après les cloches de fin de dîner.

Markus hoche la tête. Lui fait un clin d'œil. Puis s'en va.

Sophia aime l'idée de l'étang, leur lieu à eux, l'heure tardive dans la nuit comme la gravité déjà annoncée de leur rendez-vous. Elle aime moins le clin d'œil. Cette légèreté la déroute.

Pour Sophia les heures ne coulent plus en vain, elles vont vers quelque part, vers la forêt sinueuse de la nuit. Le silence n'est plus vide mais tendu comme un fauve prêt à sauter sur sa proie.

Le repas du soir terminé, les cloches ayant sonné, Sophia sort du réfectoire, fait un détour par le bureau d'accueil pour éviter les interrogations de Kate et d'autres Verts ou Safrans, puis avance vers l'étang.

Markus est déjà là. Sa silhouette blanche se détache du bleu d'encre de la nuit. C'est le moment où se réveillent les illuminés, les zélés. Ils marchent sur l'eau, transforment l'eau en vin, le sang aussi, ils boivent beaucoup et s'embrassent enivrés.

Lorsqu'elle se trouve en face de lui, il se déshabille

sans cérémonie. Ce n'est visiblement pas pour elle mais pour lui-même. Il descend dans l'étang et lui demande de le rejoindre. Sophia ne s'attendait pas à voir passer en éclair devant ses yeux le corps nu de l'homme, sans pouvoir le toucher, sans pouvoir s'en faire une idée. Elle s'attendait à un tout autre accueil. Markus lit dans ses pensées et ricane. De la tête il lui fait des signes, insiste. Mais viens !

Sophia ôte ses habits, elle aurait aimé que Markus la regarde, l'admire. Il la regarde oui, mais pour la scruter. Pour vérifier si elle est bien celle qu'elle raconte.

Dans l'eau Sophia cherche à le saisir, il lui échappe. Fait des brasses longues pour atteindre l'autre rive. Markus est son Big Fish.

Elle ne sait plus quoi faire, du lit d'argile elle glisse vers l'eau profonde, sous ses pieds le volume ondulant, instable. Elle se laisse engloutir dans le ventre de l'étang, s'enlace et pleure. Ses larmes sont aussitôt lavées. Les poissons réveillés s'agitent autour d'elle, boivent ses larmes, un nectar nocturne et exquis. Markus revient. Fait un tour autour d'elle. Lui lance le défi d'aller jusqu'au bout de l'étendue. Alors ils nagent côte à côte, sans se toucher, sans se voir. Markus l'entraîne dans un va-et-vient incessant, épuisant, sans jamais atteindre les rives d'aucun côté. La nage avec lui n'a pas de fin, il la voit exténuée et il la relance comme s'il voulait qu'elle s'épuise et se noie toute seule.

Quelqu'un descend dans l'étang. Une plongée lisse, sans éclaboussure. Quelqu'un qui connaît bien cette eau. À mi-chemin la tête surgit. C'est Kate. Elle avance sans surprise, en maîtrise parfaite. Markus se tient debout, amusé par la perspective. Kate le saisit, calme et sûre d'elle-même. Elle le ramène sur la rive.

Markus n'est plus celui que Sophia connaît. Il semble rire de tout son corps. Pourtant le visage si sérieux ! Il va mordre, rire, hurler et rire encore.

Ils n'ont pas besoin de prologue, d'aucun mot, ni presque d'aucune caresse, leurs doigts se reconnaissent, leurs langues et leurs lèvres n'ont qu'un seul goût. De l'herbe mouillée monte le bruit de froissement. Deux corps élastiques, identiques, et entre eux une queue érigée droit, à l'instant elle est visible, l'instant d'après elle est aspirée par les trous. Ce sont deux catcheurs, le sol vibre sous leur poids. Sophia croit voir à chaque ressac des ondulations sur la surface de l'eau.

Kate la blanche avalanche. Elle l'enveloppe et le

dévore. Markus l'attrape par la chevelure pour contrôler le rythme. Puis comme s'il se rappelait soudain, il jette un regard vers Sophia. Dans l'eau le duvet sur sa peau est dressé comme les épines. Parfois les femmes aussi sont des cactus solitaires.

Mais viens ! Markus ne comprend pas l'acharnement de Sophia à rester à l'écart. Son corps ascétique. Son cœur en combustion qui brûle sa chair, n'en laisse rien, pas même pour le désir.

Sophia quitte l'étang. Ses jambes vacillent. À chaque clapotis de leurs corps elle s'éloigne comme repoussée par des vagues hostiles. Chaque coup de reins la frappe comme une gifle moqueuse.

Les paumes enfoncées dans l'herbe, les genoux écorchés, Kate gémit et marmonne tandis que derrière elle Markus la retient par la taille, s'enfonce en elle, ensemble ils forment un h minuscule, ça glisse, il en ressort et ça l'excite encore de la savoir si mouillée, ses hanches se disloquent et remuent en un va-et-vient d'automate, le visage déformé, supplicié, bientôt il va hurler.

C'est un bien grand jour au bidonville. Un musicien mondialement connu, une star, est venu voir les miséreux des bas-fonds. À défaut de les soulever à la surface de la terre, le soleil est descendu dans la ville souterraine. Pour l'accueillir le sol est balayé, les saris neufs, de couleurs vives suspendus en guise de rideaux ainsi que les encens allumés à chaque coin, le comité d'accueil officieux s'est fait beau.

Sam ne peut pas deviner que ce monsieur, cet homme à l'allure princière, si réservé, souriant poliment aux regards insistants, aux commentaires extravagants de la foule, passe ses après-midi à murmurer des trois fois rien avec Sophia, la femme que lui Sam, l'orphelin de sa race, le futur roi des chiens parias, convoite depuis le premier jour. Sam devinera encore moins que ce même monsieur s'épuise chaque semaine dans un cercle bien restreint de partouzeurs de chair supérieure. Sam s'interdit d'emblée d'imaginer ces scènes.

Pour le moment Markus Meyer, le DJ de génie,

distribue sa grâce, ses promesses, aux gamins rassemblés autour de lui, aux jeunes et aux vieux qui se permettent de rêvasser pour une matinée. D'abord les fringues, les tee-shirts, pantalons, pantacourts, principalement les habits de garçons. Les filles boudent, pas grand-chose pour elles. Il faut dire que les tee-shirts vont aux garçons de tout âge. Au vieux chauffeur de pousse-pousse et aux jeunes porteurs de la gare, parés de contrefaçons de maillots de NYPD et de NYC. Certaines filles les essaient aussi, comparent leurs seins aux hauteurs variées sous l'habit et éclatent de rire.

À l'origine de cette action caritative, une ONG nommée Akash – *Ciel* – soutenue par les ambassades de plusieurs pays d'Europe occidentale, aussi par plusieurs groupes multinationaux de luxe, de compagnies aériennes, ferroviaires, banques et médias. Le but de l'ONG est classique : récupérer les enfants, les mineurs orphelins, victimes de négligences, de violence parentale, de trafic, d'abus sexuel, de tentative de meurtre, qui travaillent, mendient, dorment sur les trottoirs, et leur donner un cadre agréable de survie, un logement et de l'éducation. Ce qui est particulier avec Akash c'est que, fondée par un philanthrope allemand, l'organisation jouit de partenariats prestigieux, qui, à leur tour, sont des interlocuteurs privilégiés des gouvernements, des hommes politiques et de leurs femmes mécènes, messagères.

Dans ce pays on compte quelques centaines de millions de mineurs. Plusieurs millions d'entre eux sont en situation de danger et de vulnérabilité, victimes de divers crimes, recrutés par les réseaux de délinquance.

Sam n'a pas besoin d'écouter le discours engagé de la star, ni de celui qui s'est présenté comme le président de l'ONG. Son visage parle mieux que n'importe quelle fiche de statistiques, le rapport sur l'enfance volée, il le porte sur sa peau. Mais Sam est clément, respectueux, il accorde son attention aux mécènes du jour, le regard acidulé. Il a surtout envie d'aborder Markus. Quiconque séjourne à l'Ashram lui est précieux, susceptible de lui apporter les dernières nouvelles de Sophia.

Markus n'a pas l'habitude de tenir des discours en public. Quoique cela puisse paraître étrange, son métier est celui d'une proximité dénaturée avec la foule. Sur scène il passe son temps à garder le silence, qui lui est devenu essentiel. Il déclenche la fête et observe ses effets sur les autres. Depuis plus d'une décennie maintenant il n'emploie plus de mots pour s'exprimer, pour établir le lien, pour comprendre et se faire comprendre, mais envoie des ondes sonores électro-feutrées, au rythme endiablé, aux secousses violentes, aux surprises jouissives. Sophia est son casse-noisettes : à chaque fois elle vient frapper et fracasser sa coque de silence. Cela l'amuse. Révoltantes sont les proclamations du Guru. Markus a beaucoup de mal à s'y tenir. Il pensait pouvoir se reposer sans être heurté dans ses convictions. Malgré les prémices métaphoriques, poétiques, la suite le surprend très méchamment.

Sortir de l'Ashram lui fait du bien.

La charité est un prétexte. Personne n'est dupe. Ni l'organisation, ni ses mécènes, encore moins leurs bénéficiaires ne croient au changement radical qui pourrait transformer leur destin. Une vingtaine de gamins rescapés, sur plusieurs millions, c'est une plaisanterie, non pas de mauvais goût, un peu triste, de bonne foi, malgré tout. Reste à savoir comment l'ONG compose avec l'Ashram et les politiques locaux. Achète-t-elle la paix ? Si oui, à quel prix ? Leurs actes semblent contourner et détourner l'ordre établi sans le démanteler.

Une idée fugace vient le saisir. S'il partait, maintenant, avec ces gens de l'ambassade ? Ils trouveraient sans doute une raison de santé, de moral, d'ailleurs son statut de vedette à l'Ashram devrait lui épargner des explications.

Markus regarde ses compatriotes, le président de l'ONG, ses collaborateurs européens et autochtones, la conseillère en action humanitaire, son attachée de communication. Ils comptent sur lui. Sa présence sur le site spirituel est gardée secrète jusqu'ici par son manager. L'action caritative de ce matin fera d'une pierre deux coups : son séjour ne sera plus associé à la cure de désintoxication et il retournera au pays portant la couronne du bienfaiteur des miséreux. Un petit doute quant à l'appellation exacte : pays *pauvre* ou pays *émergent* ? Cela fait un moment qu'il émerge, alors soit il s'établit, soit il coule. Il n'est plus correct d'employer le terme « tiers-monde ». Probablement parce que le tiers-monde ne se définit plus selon les frontières étatiques et se trouve fragmenté, enclavé partout, même dans des pays riches et blancs.

Deux élus locaux viennent lui parler. L'un couve l'ambition de partir à l'étranger. L'autre espère une grosse donation pour son parti. Leurs projets sont flous, d'autant que Markus n'a aucune idée de ces aménagements politiques. Quadragénaires, se débrouillant tant bien que mal en anglais, les deux hommes lui expliquent alors combien il est important d'implanter le parti et son idéologie parmi les diasporas en Europe. Markus les observe de près. Tenue blanche, aucun signe ostentatoire d'appartenance religieuse, plutôt propres. Ils sont de quel côté ? Cette alliance avouée entre l'Ashram, le parti et l'action caritative menée par les ambassades commence à lui déplaire. Comme s'ils avaient deviné ses craintes, l'un des deux lui sourit – Nous sommes pour le progrès de la science et de la technologie. Notre modèle c'est Sundar Pichai. Satya Nadella aussi – l'autre intervient. Markus regarde ébahi ses deux interlocuteurs. Puis regarde autour de lui. Dans un bidonville sorti droit d'un blockbuster de Hollywood, où les encens dissimulent mal les effluves des caniveaux et les résidents retiennent leur souffle tant l'envie de se gratter la tête et la peau les démange, entendre parler des P-DG de Google et de Microsoft, soutiens infaillibles du chef de l'État, est surréel. Nous avons déjà une base importante aux USA, vous savez ! Le ton est un peu bravache ; menaçant ? Nous cherchons à élargir notre cercle en Europe. Occidentale – l'autre précise.

— En quoi puis-je vous être utile ? Je fais de la musique. Contrairement à vous, je ne suis pas impliqué en politique.

— Vous êtes un messager du Guru. Une vedette, en plus. Vous êtes l'élu. Pas politique, mais spirituel.

L'expression anglaise *smug face* a été inventée pour un moment pareil. On y voit le gros mug, la gueule, grimacé en sourire narquois de vanité.

Il faut cesser cette conversation immédiatement. Veuillez m'excuser, je suis bien obligé de suivre le programme tel qu'il est conçu, et mes activités sont gérées par mon manager. Oui, il capitule. Les deux hommes politiques le rassurent, ils vont écrire à son manager, parler aussi à son ambassade.

— Vite !

— Hein ? – L'attachée de communication sursaute.

— Je dois rentrer chez moi, en Allemagne. Il se passe quelque chose de très louche à mon avis.

— Vous ne pouvez pas partir comme cela vous chante ! La condition de votre sortie est que vous retourniez à l'Ashram.

— *La condition de ma sortie ?* Suis-je incarcéré ?

— Ne soyez pas ridicule. Mais votre addiction a eu des effets néfastes, vous en êtes conscient, quand même ? Voilà l'opportunité pour vous racheter.

— Je pourrais le faire ailleurs, chez moi, à Berlin. Vous croyez qu'il n'y a pas assez de SDF à Kreuzberg ?

— Vous auriez pu le faire, mais vous ne l'avez pas fait. Puis, si j'ai bien compris, le séjour à l'Ashram n'est pas si ennuyeux que ça !

Markus est sidéré par le culot de la fille. Une trentenaire, presque belle, sa rigueur infatigable raidit ses traits, efface le moindre soupçon de sourire. Est-elle jalouse de sa chance à lui ? Qui sait ! Ce n'est pas l'interlocutrice idéale. Le président de l'ONG n'aura sans doute aucune influence et restera insensible à sa demande. Dommage que cette action humanitaire soit dirigée par une femme. Seul un homme l'aurait compris dans un moment pareil. Il aurait compris ce que c'est d'être l'objet de désir, des inconnues, chaque semaine, d'être fantasmé, caressé, pratiquement pourchassé par elles. Le rituel n'a plus de charme à ses yeux. Si fêtard soit-il, il n'a jamais voulu faire de son quotidien une fête permanente. Et maintenant ces accostages par des politiciens aux desseins douteux.

Ce qui dans les rites de l'Ashram le met si mal à l'aise depuis un moment, se confirme ce matin. Sa liberté conditionnelle. De nouveau Markus Meyer aperçoit l'État profond. Ses tentacules.

Au début il ignorait que, malgré leur débordement apparent, les nuits au Cercle sont soumises à des règles. Il sait désormais que rien ne se fait au hasard. La sélection des participants, la distribution, la combinaison des couples éphémères se font selon des lois tacites mais immuables. Dans toutes les couleurs ce sont les mâles qui choisissent leurs partenaires parmi les femelles, parfois aussi parmi les mâles, et ce n'est jamais l'inverse. Les mâles Safrans jouissent du privilège absolu de faire leur choix en premier, ensuite les Verts, et enfin les Blancs. Cependant les Blancs de l'aile spéciale profitent du même rang de nantis que les Safrans.

Les femelles Safrans et Verts jouent un rôle bien précieux : elles trient parmi les femelles Blancs, offrent la meilleure chair aux mâles Safrans. Les critères ressemblent à ceux de n'importe quel concours de beauté, téléréalité, ou club privé. Grande, blanche, fertile. La blancheur de la peau, même à des degrés variés, aux nuances subtiles, est un critère majeur pour les femelles. Si jamais une femme à la carnation sombre est retenue, c'est qu'elle a l'air particulièrement avenante. Les femelles Safrans et Verts scrutent les visages, cherchent les traits harmonieux, calqués les uns sur les autres, le prototype familier, le tempérament d'une épouse dévouée mêlé à celui d'une maîtresse allègre et composent le bouquet nocturne avec les plus belles au centre.

Il y a des femmes Blancs qui ne font jamais partie du *centre*. Elles se trouvent à la marge, à l'extrémité du tourbillon.

La beauté a sa logique. Un peu comme la logique orthographique d'une langue, quand on y adhère, impossible de suivre celle d'une autre. Toute autre ligne, courbe, proposition ressemble à une erreur, à un brouillon raté.

À l'Ashram la grammaire de la beauté suit les règles des castes. Ainsi, au Cercle, seules les femmes des deux castes supérieures sont choisies. Le sort des femmes de castes inférieures est assez inquiétant. Personne ne dévoile la vérité, mais les rumeurs courent sur les cas réguliers de viol, torture, humiliation...

Belle opportunité pour se racheter et se faire un renom dans les coulisses du pouvoir politique !

À qui en parler ici ? L'assemblée se félicite de la présence de la star. C'est lui qui va les sauver. Personne n'a envie de sortir les cadavres des placards. Surtout que l'ONG doit marcher sur des œufs, au moindre conflit avec l'Ashram elle serait obligée de fermer boutique. D'ailleurs, ce n'est pas un hasard si elle propose systématiquement un cours de yoga quotidien aux enfants accueillis. Aucune école, aucune institution n'y échappe aujourd'hui.

Les bénévoles de l'ONG placent une enceinte au milieu de la scène. C'est une JBL PartyBox 310. Un ancien modèle dont Markus se sépare pour en faire un cadeau. Son manager l'a envoyée de sa propre initiative, vernissant pour l'occasion l'image du DJ.

La musique est la nourriture de l'âme. Si tu as un sou, achète du pain. Si tu as deux sous, achète des fleurs – dit le poète. Même le ventre vide, si tu chantes avec ton cœur plein, Dieu t'écoutera. Le président de l'ONG tisse des dictons prophétiques pour valoriser, pour ne pas dire justifier, le cadeau.

C'est vrai que quelques sacs de riz et de farine, du lait en poudre, des légumes et des poulets auraient été plus bénéfiques. Les secours destinés aux naufragés, aux victimes de guerre et de guerre civile. Parmi les nécessiteux, les bidonvillageois sont placés en catégorie B : les aides devraient contribuer à la durabilité, à l'infrastructure, et ne devraient pas être sporadiques, spectaculaires. Aucun hélicoptère ne rôde dans le ciel du pays pour jeter des sacs de nourriture.

Vient ensuite le moment de la sélection. Après avoir présenté son programme, l'ONG annonce les critères de son choix. Les gamins les plus vulnérables, dans les situations les plus dangereuses seront accueillis immédiatement sur le campus. Juger leur degré de malheur n'est pas une tâche facile. Markus est dispensé d'y assister. Il continue la discussion avec la conseillère de l'action humanitaire et son attachée de com. Deux autres responsables des ambassades partenaires les rejoignent. Quelques gamins les encerclent, les écoutent papoter en allemand, en anglais, en français... Leur concentration est à la fois risible et touchante, vu qu'ils n'y comprennent rien.

Quel gâchis ! Que deviendront-ils, tant d'énergie, d'espoir, tous ces garçons, filles, jeunes hommes et jeunes femmes ? Squelettes vivants, fantômes sans souvenir, un peuple manqué.

Les responsables des ambassades sont engagés dans une vive discussion avec les politiques locaux. Il s'agit d'une collaboration multilatérale visant à recruter les jeunes diplômés sur place. Personne n'envisage de remettre en question le système politique du pays, ni l'influence envahissante de l'Ashram. Leur objectif est d'investir, de conquérir le marché géant, sans interférer avec les préoccupations des autochtones, ce n'est pas leur rôle.

Une fatigue morale l'écrase. Markus trouve une excuse pour se mettre à l'écart. Sur l'enceinte sont posés deux de ses disques. *Resurrection. MetaVerses.* Il les effleure.

— Je doute qu'elle puisse devenir populaire ici !

— Pardon ?

— Votre musique.

— Et tu t'appelles comment ?

— Sam.

— Enchanté, Sam !

Ils se regardent. Ils ont l'impression de se connaître. Il y a des êtres qui laissent leurs ombres sur les visages de ceux qui les aiment, ceux qui pensent à eux. Sans comprendre vraiment ce qui les lie, Markus ressent une soudaine montée d'affection pour l'adolescent. Il lui sourit, lui dit merci.

— Mais pourquoi ?

— Mais pour rien.

Markus continue à lui sourire. La matinée ne lui semble plus si perdue.

— C'est pour vous ! Cadeau !

Sam lui tend une patte de sa vache. Un bloc rectangulaire couleur de plomb fendu au milieu. Instinctivement Markus la met sous le nez, aucune odeur particulière. Le gamin l'a gardée dans la poche de son short pendant la cérémonie sans broncher, il est même venu avec ce morceau d'animal mort, comme un chef de tribu aborigène, croyant rendre hommage à l'invité par son geste. Markus éclate de rire. Sam le regarde, comprend qu'il n'y a rien de moqueur. Il rit à son tour. Les deux hommes se serrent la main, font un signe de tête avant de se séparer.

Lorsque Markus rentre à l'Ashram, Sophia est en train d'étaler son linge sur le cordon. Penser que c'est presque une scène de la vie familiale la fait sourire. D'où vient-il ? Il a l'air heureux, différemment heureux. Un secret qui ne l'attache plus à l'Ashram mais à une réalité en dehors du site. Sophia n'en ressent aucune jalousie, au contraire, le savoir capable de s'extraire de l'Ashram, de mener une activité autre, la rassure.

Elle le suit du regard. L'a-t-il remarquée ? Markus se précipite vers le dortoir des hommes.

Les jours passent, aura-t-elle jamais une chance avec Markus ? Leurs mots, tant de mots, ne peuvent être cueillis qu'au creux de leurs corps, entrelacés, emboîtés comme une machine parfaite, dans un silence sourd, peau contre peau, l'os à travers la chair, un peu abasourdis l'un comme l'autre, frappés par le bonheur. L'Autre, les infinies surprises.

Depuis leur nuit de nage, l'étang a pris feu. L'herbe est brûlée.

Ce n'est plus l'amour, ni le désir d'amour, mais le regret qui la consume. Le regret de ne pas avoir agi, le regret de ne pas avoir été espiègle, joueuse, joyeuse. Le regret de ne pas être belle. Pas assez.

Kate et elle s'évitent. Elle par désarroi. Kate par l'évidence du fait que Sophia ne devrait couver aucune illusion concernant Markus.

Les maquerelles religieuses sont redoutables. Elles ne la choisissent jamais pour le bouquet du centre au Cercle. Leur tâche ne doit pas être simple. Cela demande sans doute beaucoup de générosité, de retenue, de gestion de jalousie. Quoique, le pouvoir qu'elles exercent doit être assez grisant. Tenir les ficelles des marionnettes doit bien les amuser. Ce sont les anciennes favorites, aguerries, rodées, qui maîtrisent parfaitement les règles, les enseignent et les imposent aux femelles Blancs afin qu'elles deviennent des partenaires parfaites. Elles continuent à bénéficier des faveurs des mâles Safrans, désormais leurs complices et leurs confidentes, leurs conseillères aux moments cruciaux, elles exercent leur pouvoir dans les coulisses.

Si certaines femelles Safrans se montrent indulgentes à son égard, les autres dissimulent à peine leur méfiance. Sophia ne fait pas partie de leur clan, ni par les traits de son visage, ni par ses traits de caractère. Elle a l'air toujours disloquée. Ses hésitations leur paraissent suspectes. Et si elle était une de ces journalistes espionnes, immiscée au sein de leur site pour les dénoncer ? Pire encore, si elle était amoureuse ?

Les mâles comme les femelles Safrans pourchassent et éliminent scrupuleusement les éléments perturbateurs. Les trouble-fêtes. Les rabat-joie. Ce sont souvent les femelles Blancs qui ne savent pas se tenir à l'écart des sentiments, elles la ramènent à tout-va, elles se la racontent. Elles n'ont aucun goût pour la légèreté, aucun don pour l'insouciance. Toujours dans l'excès. Les *drama queens*. Les cantatrices du grand opéra narcissique aux spectateurs réduits à zéro. Leur attachement aux mâles pèse autant qu'une couette trempée de pluie, lourde et puante.

Il n'est pas difficile de deviner que Sophia fait partie de ces radicaux de l'amour. Elle n'a pas l'allure d'une fiancée idéalisée, elle n'évoque pas l'image d'un bonheur rêvé. Sophia est un mauvais présage, un orage au coin du ciel. Elle sème le trouble, et elle récolte ce qu'elle sème. Ses yeux errent constamment comme deux barques désespérées d'amarrer. Il lui suffirait qu'un visage s'immobilise ne serait-ce que fugacement devant elle, elle le prendrait pour sa terre d'asile. Son séjour à l'Ashram ne l'apaise pas, au contraire, elle est de plus en plus impatiente, nerveuse. Le cœur sur la main comme un fumigène allumé, elle attend au carrefour à l'aube, désormais prête à incendier.

Le comité officieux des chorégraphes la tient à l'écart du centre. Ils ont peur des éclaboussures sentimentales, des faux pas et des inévitables entorses. Ce ne sont pas des monstres, ils repèrent vite celles et ceux qui peuvent encaisser les chocs érotiques sans se laisser briser, comme des ouvriers sur un chantier dangereux, qui ne craindront pas la hauteur, qui n'auront pas le vertige d'amour. Les autres, les fragiles, ils les protègent, à leur façon.

Ils ignorent qu'une fois ses exaltations sédimentées, ses émotions tues, Sophia cherche des explications rationnelles. Au fond d'elle, elle tombe toujours sur un tremplin fait de raisonnements froids.

Ajouter du bonheur au bonheur. Aucune place pour la tristesse, la mélancolie, les tourments. Le devoir d'être heureux est un devoir individuel qui sert le collectif. N'est-ce pas le contrat tacite signé au départ ? L'Ashram imite la nouvelle hypothèse du cosmos. Il n'y a jamais eu de début, il n'y aura jamais de fin. Tout était toujours là. Les gens ne viennent pas ici pour commencer, ni pour finir, une histoire d'amour. Ils font l'expérience, fugace, de ce qui est déjà là, sans l'altérer.

C'est tout de même étrange de dépenser tant d'énergie et de temps uniquement dans des actes charnels, manger, boire, baiser, se contorsionner le jour comme la nuit, pour atteindre le nirvana. Une série de rituels pour dissimuler le vide du discours. Il est où le lien, la marche ultime entre le corps et l'esprit ? L'escalier infini d'Escher, c'est tout ce que Sophia aperçoit.

Ce qui la déroute désormais, c'est le discours spirituel qui accompagne les actes. Elle pense aux inepties prononcées par les participants des émissions de téléréalité, elle pense au langage vulgaire dans certains clubs et aux codes feutrés dans d'autres. Elle se demande si elle n'aurait pas préféré la cohérence entre les mots et les actes de ces lieux-là à la fiction fumeuse de l'Ashram. Conteurs. Papoteurs. Propagandistes. Ils pensent justifier les actes les plus inadmissibles s'ils trouvent les mots justes pour les décrire. Soumis aux mots. Le corps n'est qu'un prétexte. Sophia a soudain un doute. Qu'est-ce qui leur importe davantage ? La chair ? Ou les mots ? Ou justifient-ils l'un par l'autre, en alternance, au gré de leur désir, au rythme des opportunités ?

Sophia doit être une inconditionnelle de la pornographie, alors, théoriquement. Mais quel ennui mortel ! Quelques filles sublimes, mais leurs *ah-hun ah-hun* face caméra sonnent si faux ! Et les hommes qui leur donnent des ordres en anglais maîtrisé pour l'occasion. Sauf peut-être vers la fin quand elles en ont pris dans tous les sens, démontées et désossées, maquillage dégoulinant, regard perdu, dans ce bref instant d'oubli peut-être il y a de la grâce, celle de la vérité, du plaisir pur. Le réel et rien que le réel, et il a l'air du mensonge maladroit. Elle s'avoue qu'elle préfère elle aussi Emmanuelle Béart dans *Manon des sources*, Juliette Binoche dans *Fatale*, Isabelle Adjani dans *La Reine Margot* et les hululements lors de sa nuit de noces dans les couloirs du Louvre. Huppert qui urine accroupie entre deux voitures épiant le couple amoureux est déjà un peu trop à son goût. Elle reconnaît qu'elle aussi a besoin de se nourrir du langage d'amour à millefeuille empilé depuis des siècles. Plus du langage que de l'amour même. Elle aussi a besoin des mensonges sublimes pour habiller les vérités crues.

Sophia observe le site, immobile sur la pelouse. Une

colonie de fourmis dociles, une horde d'esclaves religieux, sans que la pyramide soit visible. Aucun Markus pour la sauver d'ici.

Sophia ignore tout de la vie amoureuse de Markus. Celle d'avant comme celle d'après. Elle se contente de sa présence du moment. Égoïstement, naïvement. Sophia regarde Markus mais elle ne le voit pas. Le visage de l'être aimé est un miroir de sorcière. Elle s'y voit métamorphosée, magnifiée, aimée. Elle y voit ce qu'elle a envie de voir. Si elle l'aimait un peu moins elle le comprendrait peut-être un peu mieux. Elle aurait peut-être aperçu les instants d'absence dans son regard, une pointe de désespoir, le désir de consolation. Elle y aurait peut-être aperçu le passage fugace d'une autre aimée, le souvenir doux-amer, plus douloureux qu'amer auquel Markus essaie de résister telle une nausée, elle aurait compris qu'il n'est pas là.

Leur parloir crépusculaire ressemble désormais à l'inquisition. Markus l'observe, consterné, plein de reproches, comme si elle avait brisé un contrat tacite. Ses déclarations amoureuses sont ses aveux d'hérésie. Ses élans faussés, ceux d'une lâche. Il la regarde trembler, se retenir et trembler encore, secouée de désir et de honte, au point de s'effondrer. Il ne moufte pas, ne cille pas, il ne la prend pas dans ses bras, il ne la console pas, ne la répare pas, il la voit s'effriter jour après jour. Markus n'est pas froid. Markus est une pierre avec un cœur de lave. Il se retient lui aussi, à peine.

Les jours où Markus a l'air flou, évasif, Sophia sait qu'il est en manque et qu'il ne cherche pas à combler ce vide par elle. Sa présence le trouble et il lui en veut presque. Lorsqu'il revient plein d'énergie, ferme et droit, elle sait qu'il est rempli de sève pour d'autres femmes, c'est leur salive qui coule dans son os et le rend si dur, ce sont elles qui le rajeunissent, le définissent comme homme.

Parfois, au moment de se quitter il la tient par l'épaule et l'embrasse sur les joues, trempées de larmes, comme pour goûter délicatement un fruit juteux. Parfois il a l'air aussi triste qu'elle. Puis il la regarde s'en aller.

Le gâchis n'est pas seulement celui d'objets palpables. Tout ce qui est gâché comme pensées, idées, sentiments, mots, souffles et désirs, fait tourner des déchèteries dans les cœurs. Très peu de chance d'en recycler, on y met le feu, ça part en fumée.

Sophia regarde le dortoir des hommes. Personne n'en sort. Elle ignore si elle reverra Markus cette après-midi, ou demain, ou quand encore. Leurs rendez-vous sont toujours improvisés à la dernière minute, lorsqu'ils se croisent au réfectoire, ou sur la pelouse à la séance de yoga.

Est-il possible de perdre son désir au milieu du faste ? Est-il possible d'être écœuré, par les autres, par soi-même, surtout par soi-même ? Sophia a une soudaine envie de fuguer. D'abandonner. De tout foutre en l'air. Un seul mot de plus, des Safrans, des Verts, des Blancs, de Markus, surtout de Markus, et elle va hurler. Elle va mordre. À défaut, elle se pince le ventre. Se serre le visage, l'écrase entre ses mains. Le dos au mur. Ce n'est pas si mauvais comme posture. Cela lui donne un support. Pour ne pas tomber dans le vide. Elle se sent trahie, même si personne ne lui a fait aucune promesse, personne n'a brisé aucun pacte. Sophia a très peur. Elle se demande comment retourner chez elle, dans sa petite ville de province, dans son petit chez-elle, parmi les murs blancs, les draps blancs, dans le silence blanc. La mégapole psychédélique lui a balafré les rétines. Elle ferme les yeux. Mais les pigments pointillent sous ses paupières. Si elle pouvait s'évanouir ! Si elle pouvait échapper à elle-même pour quelques instants ! Mais le sol ne se dérobe pas sous ses pieds. La terre ne s'ouvre pas. Rien ne change, rien ne se transforme, personne ne la remarque, le jour continue sans entrave.

Quelques jours plus tard, les annonces aux haut-parleurs l'arrachent au sommeil. Le silence est strié par la voix rauque du Guru. Contrairement à ses oraisons habituelles, le discours semble agressif, menaçant, dépourvu de fragments en anglais.

Les Verts et les Safrans viennent rassembler les Blancs sur la pelouse. Avec les autres, Sophia attend elle aussi, anticipe, craint.

Elle aperçoit Markus à l'autre bout de l'assemblée. Elle hésite un instant à aller vers lui mais n'ose pas. Elle ne saurait dire s'il a ressenti son hésitation, toujours est-il qu'il la fixe du regard. Sophia a envie de caresser ses sourcils. Un Safran la saisit par le bras. Sophia a l'impression qu'une légère onde de jalousie traverse le visage de Markus, le fait tanguer, il détourne la tête. À défaut de vivre une histoire réelle, il lui restera ces soupçons de sentiments, ces désaveux secrets. Le décalage entre les nuits chargées de désir et les jours qui finissent par un non-lieu soudain la terrorise. Elle détourne la tête elle aussi et regarde droit devant elle.

Les Verts et les Safrans se mettent en deux rangs. Le Guru se tait et cède la parole à l'Assistant. Il explique que l'Ashram ainsi que la ville subissent un acte de sabotage. Les ennemis de toujours, qui tentent de détruire les fondations du pays, ont mené une nouvelle attaque la nuit dernière. Il est temps de les affronter.

L'Assistant ne se laisse pas impressionner par les murmures des Blancs. Les étrangers y sont minoritaires, les autochtones montrent leur malaise, leur incompréhension.

Sans tarder, un cortège est formé. Le Guru et l'Assistant avec les Safrans devant, suivis par les Verts, puis les Blancs, pour finir avec une bande de Safrans. Les dirigeants du cortège lancent des slogans, hissent les drapeaux triangulaires safran frappés de l'emblème Lotus, commencent la parade militaire. Ils font un tour de la pelouse et sortent du campus.

Après plus de deux mois, Sophia se trouve à l'extérieur. Elle plisse les yeux comme pour ne pas recevoir la réalité en pleine figure. Les formes et les couleurs chaotiques ont été effacées de sa mémoire, les cris estompés, les odeurs dissimulées. L'Ashram l'a imbibée de teintes primaires. Maintenant, tout revient et la prend à la gorge. Sophia a la nausée. Elle n'ose pas sortir son mouchoir.

La place en face de l'Ashram est bondée. La foule se retient à peine. Les dirigeants Safrans montent sur l'estrade. Deux députés du parti politique au pouvoir et un autre de l'opposition principale se lèvent de leur fauteuil pour les prendre dans leurs bras. Les autres Safrans prennent position pour les protéger.

L'Assistant attrape le micro.

Les saints ne restent saints qu'en temps de paix, ils deviennent des guerriers pendant les conflits. Longtemps nous sommes restés patients avec les envahisseurs, les ennemis, les mécréants. Nous sommes désormais en pleine guerre !

Il y a des commerçants musulmans dans votre quartier ? Boycottez-les ! Il y a des locataires musulmans dans votre immeuble ? Chassez-les ! Il y a des musulmans partout dans notre pays. Éliminez-les ! Tuez-les !

Leur seule présence salit notre pays. Leur souffle empoisonne notre air. Leur désir profane souille nos femmes.

Chaque mariage avec un musulman sera annulé. S'il s'agit de l'époux, il sera castré. S'il s'agit de l'épouse, elle sera mariée de force avec un âne, avant d'être expulsée de la ville.

Vous voyez une musulmane dans les parages, violez-la. La vengeance est pure. La vengeance est sacrée.

Ce n'est pas tout ! Ce n'est pas tout.

Nous n'avons pas oublié l'autre.

Vous voyez une croix ? Démantelez-la ! Brûlez-la ! Détruisez la bâtisse entière.

Ils provoquent les chiens. Ils les prennent dans leurs bras. Les Sûdras et les Intouchables se convertissent en masse au christianisme. Aucun pasteur n'est arrêté pour ce crime. Il faut imposer le retour au bercail, la reconversion de ces égarés.

S'ils résistent, tuez-les tous ! Tuez tous les mécréants !

Nous allons retrouver notre gloire perdue ! Nous allons reconquérir notre pays !

L'Assistant s'arrête, essuie les gouttes de sueur de son front, ses dents claquent. La foule hurle, réclame la mort aux ennemis. Les députés applaudissent, tendent leur bras droit vers la foule, font un salut nazi.

Le Guru prend le micro.

Regard souriant, il se caresse la barbe, calme la foule d'un geste de la main.

Nous aspirons à la paix. Notre religion est la religion de la paix. La paix viendra après la tempête. Regardez nos chasseurs de tempête. Les vaillants guerriers. Même de l'Occident ils sont venus nous rejoindre. Ils se sont rendu compte de leur erreur, de l'insignifiance de leur existence, du vide abyssal de leur pensée. Eux, les conquérants d'autrefois, les superpuissances, ils sont venus chez nous, dans notre ville, pour marcher dans notre poussière, pour manger dans notre assiette, pour boire l'eau bénite de notre Fleuve sacré.

La foule devient hystérique. Certains pleurent. D'autres crient. Lancent des slogans.

Nous avons préparé pour vous un bain sacré. Suivez nos pas. Vous savez qu'il n'y a pas plus sacré que la bouse de notre Vache-Mère ? Il n'y a pas de boisson plus saine que son urine ? Nous allons ensemble prendre un bain dans la bouse et boire de l'urine. Nous allons nous fortifier contre le Mal, contre toutes les maladies et tous les virus, nous allons nous préparer pour la guerre.

Les députés applaudissent, s'inclinent devant le Guru.

Les jeunes hommes courent vers lui, se jettent à ses pieds, les embrassent, pleurent, arrachent leur chemise. Le peu de femmes présentes reculent, tirent leur voile jusqu'au nez, mais avant qu'elles ne puissent quitter l'assemblée, les Safrans les encerclent.

La foule est escortée derrière l'estrade. Sous une grande tente, assis au sol en cercle, les Safrans ont commencé la beuverie à l'urine de vache. Les Verts récitent les mantras, soufflent aux conques sacrées, sonnent les petits clochers. Les gens ne savent pas trop se contenir. Ils hurlent, injurient, bousculent, trébuchent, se marchent les uns sur les autres, pour être le premier à boire le fluide sacré. À côté, un bassin artisanal est creusé, ce n'est qu'un grand trou rectangulaire rempli de bouse de vache. Les hommes s'y jettent, bientôt crasseux de la tête aux pieds, méconnaissables, hilares.

Sophia est emportée par la cohue. Ses jambes appartiennent à d'autres jambes, ses bras à d'autres bras, son petit corps fait partie de cet amas agité, mouvementé. Seul son cerveau lui envoie des signaux d'alerte. Il faudrait qu'elle s'extirpe de là.

Plutôt mourir que manger de la merde, boire de l'urine ! Pourquoi n'a-t-elle pas économisé davantage pour choisir un ashram haut de gamme ! Il y aurait du lait d'amande, des diffuseurs de parfum boisé, du sexe à volonté, et aucun risque de se faire traîner littéralement dans la boue. Avec quelques centaines d'euros de plus, elle aurait pu éviter la version bidonville de la quête spirituelle.

Elle se bat, pousse les corps autour d'elle, mais en vain. Deux Safrans l'attrapent par les bras et la dirigent vers l'Ashram.

Finalement, elle est sortie de la foule, mais c'est pour être isolée et emmenée au campus, dans une pièce vide. Les deux Safrans partent. La porte se ferme derrière elle. Une autre porte de côté s'ouvre et le Guru apparaît. L'Assistant aussi.

D'instinct, Sophia comprend que c'est l'heure de vérité. La lame est exposée. Elle doit la saisir et la brandir pour se défendre. Elle ne veut pas penser à ce qu'il adviendrait d'elle dans le cas contraire.

— Je veux partir. Laissez-moi partir ! Je suis très reconnaissante de ce que vous m'avez appris. Désormais, je peux me débrouiller seule.

— Mais tu n'es rien, rien sans moi ! hurle le Guru, tremblant de la tête aux pieds, rage écumant aux coins des lèvres, dents semblant sur le point de se détacher de sa bouche et de jaillir en projectiles. Imbécile ! Mécréante ! Pécheresse ! Tu es ce que tu es grâce à moi, tu n'existes pas autrement. – Plus il vocifère, plus sa tignasse se redresse sur son crâne, comme électrifiée, court-circuitée par ses idées folles.

— Vous ne pouvez pas me retenir ! Vous n'avez pas le droit. C'est absurde. – Sophia s'agite dans le vide comme si elle était attachée.

— Calmez-vous. Ne soyez pas hystérique. Rien ne vous calme en fait !

L'Assistant l'attire par le bras et la fait sortir.

— Vous êtes suicidaire ! Ça ne sert à rien de s'agiter ainsi devant le Guru.

Sophia a une soudaine envie de croire que l'Assistant est de son côté. Peut-être qu'il lui reste un peu de bon sens ? Peut-être qu'il est plus intelligent que le Guru et qu'il la laissera partir ?

— Croyez-moi, vous serez plus en sécurité ici. Dehors, la situation est devenue compliquée. Nous ne contrôlons pas tout.

Sans blague ! Sophia ne dit plus ce qu'elle pense tout bas.

— Vous êtes très instable. Vous ne vous rendez pas compte. Vous changez d'avis chaque jour.

Sophia se mord les lèvres. Baisse la tête. Puis regagne le dortoir.

L'entrée principale est restée ouverte. Une partie de la foule est entrée sur le campus et lance des slogans. L'intervention du Guru au meeting étant terminée pour aujourd'hui, l'Ashram veut retrouver son rythme habituel. Les Safrans reconduisent les gens dehors, leur offrant les fleurs et les fruits bénis par le Guru.

Sophia tourne la tête et continue à marcher.

Au dortoir, les Blancs sont agités. Et même certains Verts. Kate se précipite vers elle et la ramène au lit.

— Comment te sens-tu ?

— Je me suis sentie prise en otage. Quelle est cette

mascarade ? Et pourquoi nous embarquer là-dedans, nous ?

— Nous, les étrangers ?

— Oui !

— Nous ne sommes plus tout à fait des étrangers, tu ne le savais pas ? Nous sommes à la frontière des choses. Nous sommes les transformés, les convertis. Nous sommes leurs étendards, leurs messagers. Rentrés chez nous, nous sommes censés transmettre le message du Guru.

Sophia ne dit rien. Les mots sont embrouillés dans sa tête. À la place des pensées elle n'a que des sensations. Chaque jour un peu différentes. L'Assistant a raison. Elle est instable. De l'exaltation au doute, elle oscille et cela lui donne parfois la nausée.

— L'Assistant faisait quoi avant ?

— Avant de se consacrer à l'Ashram ?... Il était psychanalyste, un très bon même, paraît-il. Pourquoi ?

— Rien, comme ça. Et donc tu vas prêcher une fois rentrée chez toi ?

— C'est mon devoir. – Kate secoue la tête. – Il a de très grands projets, le Guru. Tu n'as pas encore compris ? Il a ses confrères, la fratrie des gurus, la chaîne des ashrams, non seulement ici, mais à l'étranger aussi. Nous allons bientôt organiser un grand rassemblement aux États-Unis.

— Ce sera permis là-bas ? La loi, les forces de l'ordre, les politiques accepteront un programme religieux hindou ?

— Qui le soutient à ton avis ? Nous avons des députés,

des élus à nos côtés. La diaspora hindoue est importante, comme tu peux l'imaginer. Si tout va bien, ce sera un meeting entre chefs d'États comme on n'en a jamais vu. Tous les pays vont nous regarder, crois-moi.

Personne ne parle de déjeuner. Le dégoût a coupé l'appétit général.

Accroupie sur son lit, Sophia cogite. Qui appeler ? Faut-il vraiment appeler ? Risquer encore d'être attrapée et mise à l'isoloir ? Et si elle pouvait partir avec Markus ? L'Ashram n'est ni une colonie de vacances, ni une prison, mais rejoindre un homme au dortoir des hommes semble un acte impossible. Soudain elle a une idée. Elle se relève et se dirige vers l'atelier où travaillent les enfants.

Le visage de Sophia a un goût salé. Redessiné par les larmes, creusé ici, gonflé là, un paysage aride, miné au gré du ruissellement. On dirait qu'en une journée elle a vieilli de plusieurs années.

Lorsqu'elle revient de l'atelier, elle voit plusieurs Blancs faire leurs valises, autochtones et étrangers. Certains dans les dortoirs, d'autres au bureau d'accueil pour récupérer leurs effets personnels. L'Assistant accompagné des Safrans et des Verts les dissuade, avec les mots qui ressemblent autant à une menace qu'à un avertissement. L'homme au crâne rasé et à l'allure d'un fouet tendu leur explique combien la situation a dégénéré dans la ville, combien il serait risqué de s'y aventurer.

Sophia cherche Markus parmi les Blancs. Il est impossible qu'il soit tranquillement installé au dortoir pendant cette agitation. Elle repère Kate, qui délaisse la petite foule et vient vers elle.

— T'étais où ?

Sophia bredouille. Elle ment mal, invente une excuse

et se contredit aussitôt. Kate ne l'écoute plus, elle l'examine de haut en bas, puis soudain commence à lui tapoter des deux mains la poitrine, le ventre et les cuisses. Sophia met quelques secondes pour réaliser que Kate effectue une fouille corporelle.

— Non mais Kate, qu'est-ce que tu crois que je cache ? Quel serait mon intérêt ?

Kate ne lui répond pas. Elle continue à la fouiller, la fait se tourner et se retourner, et la frappe encore à plusieurs reprises à la poitrine si fort que Sophia a l'impression qu'elle y prend un malin plaisir.

Kate la relâche, la repousse presque. De la tête elle fait un signe pour lui indiquer qu'elle devrait regagner le dortoir.

Sophia recule, effarée.

— Et pour ta gouverne, il est parti, ton Markus ! lance Kate, avant de tourner les talons.

Elle n'a pas besoin de regarder Sophia pour savoir qu'elle a le visage défait. À vrai dire, le visage de Sophia continue à se défaire au point qu'elle a envie de le prendre dans ses mains, de le cacher dans ses paumes et de courir vers le refuge avant qu'il ne tombe en morceaux.

Au dortoir des femmes, Sophia se précipite vers ses camarades de route, auxquelles elle ne s'est pas intéressée jusqu'ici, pour savoir si l'une d'elles aurait des informations plus précises sur Markus. Certaines l'esquivent, s'affairent, d'autres lui répondent vaguement. Divisées en deux clans disparates elles débattent sur le fait de quitter l'Ashram ou non. Malgré le contexte,

Sophia ne peut pas s'empêcher d'établir mentalement des statistiques. Qui veut rester et qui veut partir ? Les autochtones ou les étrangers ? Quelle est la tendance majoritaire de chaque groupe ?

Puis elle entend le nom de Markus. Une jeune femme, sublime, sortie tout droit d'un tableau de Botticelli, pleure auprès d'une autre jeune femme, tout aussi sublime, Sophia n'a pas la patience de chercher quel peintre elle aurait pu inspirer et prête l'oreille à leurs lamentations sur l'homme tant convoité.

Le DJ est escorté au consulat de son pays à sa demande. Son manager s'est démené depuis l'Allemagne pour qu'il y soit reçu en bonne et due forme. Il est possible qu'au moment où Sophia se débattait devant le Guru et l'Assistant, Markus quittait le lieu.

Les deux jeunes femmes restent enlacées, s'embrassent de temps en temps pour essuyer leurs larmes. Leur chagrin d'avoir perdu l'homme qu'elles aimaient et qui les aimait lui semble si authentique que Sophia oublie de les interroger. Figée devant les deux naïades, elle apprend qui était réellement Markus, combien il était délicieux, à la fois délicat et fougueux, sensible à leurs moindres désirs, musicien de génie... À l'évocation de ses doigts de fée, Sophia s'éloigne d'elles.

Elle s'affaisse sur le premier lit qu'elle trouve, se lève aussitôt d'un bond, dégoûtée à l'idée d'être souillée par les traces intimes d'une inconnue.

Elle sort sur le perron. Ce n'est pas un soir comme un autre. Aucun rituel n'est en cours. Cette absence ne fait que renforcer son pressentiment.

L'Ashram ainsi que la ville s'écroulent autour d'elle, mais elle ne pense qu'à sa propre infortune. Les autres femmes dans les dortoirs aussi, épouses éphémères, frappées par le sort.

Sophia va rôder sur la pelouse où s'activent encore quelques Safrans et Verts. Sous ses pieds nus l'herbe est fraîche, douce.

Elle mourra donc sans avoir touché la peau de Markus, sans avoir tenu ses mains dans les siennes, sans l'avoir pris dans ses bras. Les années passeront, elle vieillira, irrémédiablement, elle continuera sans l'amour de Markus, et elle finira par oublier combien elle en a été tourmentée. Il lui restera des souvenirs crevassés. La vie est poreuse. Elle s'équilibrera autour, sur les maigres margelles, à ramasser des miettes.

Sophia se demande sur un diagramme de douleur où elle placerait la sienne. Celle d'avoir vécu et perdu est-elle supérieure, meilleure ou pire que celle de n'avoir rien connu? Entre la mémoire et le néant, quel serait son choix?

Une fois de plus ses pensées et son corps sont désynchronisés. Ses idées l'ont ravie. Les mots ont dépassé les actes.

Le toucher est masculin. L'homme fait la bise. L'homme pose ses lèvres sur la joue de la femme. L'homme fait le baisemain. Il se fait une idée du corps de la femme. De la peau de la femme. L'inverse est rare. Les pieds d'un crucifié comme consolation. De toute façon seul l'amour au masculin importe. C'est l'homme qui peut décider ce qui est possible et ce qui ne l'est pas.

Sophia se sent soudain soulagée. Un peu comme Vronski à la mort d'Anna.

Maintenant elle n'a plus rien à attendre. C'est l'espoir qui fait courir, c'est l'espoir qui fait souffrir. Arrache-le comme une balle perdue dans le rein, il y aura d'autres chances.

N'empêche que lui reviendront plus tard les spasmes de douleur, les vagues de larmes et l'envie de se tuer, n'empêche que lui reviendra plus tard le sentiment d'avoir raté sa vie, d'être passée à côté de quelque chose de formidable, maintenant elle avance vers l'autre côté de la pelouse car elle y a repéré une animation bien particulière.

*

Plusieurs Safrans sont engagés dans une vive discussion en langue locale. Aucun Vert ni aucun Blanc n'est présent. Sophia les approche sans se donner l'air décidé, comme si elle faisait un détour par le bureau d'accueil. À moins de deux mètres d'eux, elle entend le bruit d'un moteur. L'étrange objet au milieu de l'assemblée. Une moto noire, rutilante, vrombissante sous les mains d'un Safran. Sophia est abasourdie. Que fait un tel engin dans l'Ashram ! Comment a-t-il atterri ici ! Véhicule astral tombé du ciel. Déposé par les dieux motards.

Sophia ne connaît pas les marques, sinon elle saurait qu'il s'agit d'une Bajaj Pulsar, très populaire dans ce pays. Elle ne comprend pas leur langue, sinon elle saurait que c'est sur cette moto-là que deux Safrans quitteront l'Ashram le lendemain matin. Ils changeront d'allure : pantalons, chemises, casques, gants et baskets – de la tête aux pieds, ils se vêtiront en noir. Ils iront au parc où, comme chaque jour, fera sa balade matinale Govind Pansare, leader de la gauche de quatre-vingts ans, accompagné de sa femme. Ils les suivront de près, à la sortie du parc, et quand le couple arrivera devant sa maison, à 9 h 25, ils lui tireront dessus cinq fois à bout portant. Pansare sera touché à la nuque et à la poitrine, sa femme à la tête. Les deux Safrans s'enfuiront, manquant de peu d'écraser sous leur moto les corps gisant sur l'asphalte.

Sophia ne saura pas que le leader politique, qui est aussi auteur de plusieurs livres, aura été assassiné en raison de son engagement contre le Guru et ses semblables. Une liste d'offenseurs est désormais établie par les Safrans-Noirs – la milice religieuse –, des hommes et femmes à abattre : politiques, activistes, professeurs, chercheurs, historiens, écrivains, journalistes... Un psychiatre aussi, récemment transformé en sauveur des étrangers, à faire le lavage de cerveau des braves gens en quête spirituelle.

Pansare est dans leur viseur depuis un moment. Engagement pour le mariage intercastes, contre le rituel qui aide les futurs parents à avoir un fils, contre la glorification de Nathuram Godse – assassin du Mahatma Gandhi et nouveau héros de la milice : la liste de ses offenses devient longue... Depuis la publication de son livre sur le roi médiéval Shivaji, la décision est prise. L'icône de la gloire nationaliste est dépeinte par Pansare comme un roi séculaire, clément envers les musulmans dont beaucoup avaient été nommés généraux de son armée. Un tel portrait entrave la mission du nettoyage ethnique. Sur les bras des Safrans-Noirs sont tatouées deux lettres : SS. L'acronyme du Shiv Sena, l'armée du roi Shivaji. Ou du Sanatan Sangstha : « Société Ancestrale ». Le hasard fait parfois bien les choses. Pas besoin de chercher loin. Les inspirations traversent les frontières de siècles et de continents, rassemblent les hommes prêts à mener les actions communes.

Pour l'instant Sophia entend fascinée le vrombissement d'une moto qui fracasse la nuit croissante.

L'autre nuit, il a été appelé par il ne sait qui pour aller au fond d'une forêt. Les arbres respiraient différemment. Il sentait leur haleine moite sur son visage. L'obscurité n'était pas opaque mais d'un bleu intense, translucide. Il avançait, le bleu de la nuit devenait radieux, bientôt il est à genoux, à plonger les mains dans les herbes et comme le butin de billes d'un écolier, il recueille un tas d'étoiles, blanches, bleues, émeraude, déversées depuis il ne sait quelle pluie astrale.

Les rêves suivent leur logique sous-cutanée. Au petit matin, il a le duvet hérissé. La peau noire un peu bleutée, moirée.

Il n'y a pas de forêt, ni de bois ici. Loin de la colonie souterraine, de l'Ashram, du bazar, du quartier musulman, près du Fleuve, un terrain vague est dessiné, à la lisière du crématorium en plein air. Les bûchers sont allumés sous le ciel nu. Cendres, bois calcinés, fleurs, offrandes restent éparpillés sur la rive, lavés par les vagues lentes, enfoncés dans le cœur mou de l'argile.

Sam vient ici surveiller sa forêt imaginaire. Il ramasse dans la ville les branches arrachées par l'orage, hachées par les riverains, les plante ici. Il prend les légumes racines et les fleurs dans leurs pots cassés à la fin du marché, vole les bananiers déposés en offrande dans des temples, les basilics à l'autel des femmes pieuses, les bambous décollés des lits des défunts. Les arbustes poussent tant bien que mal. Le terrain est surtout couvert de hautes herbes. Sam se laisse caresser par leurs langues rêches. S'endort dans leur giron.

Les jours de canicule, il a l'impression que ses plantes l'attendent. Il sent leurs troncs et branches brunir, s'assécher, s'accroupir. Il se précipite pour aller chercher de l'eau au Fleuve. Sam ne croit pas au vent. Il sait que ses plantes ondulent pour le remercier, elles secouent la tête, d'un vert luxuriant, gorgé d'eau. Il attrape leur feuillage, y passe les doigts comme dans les cheveux pour les caresser.

Sam se verse de l'eau sur la tête, roule sur les herbes, tout trempé. Puis s'adonne à son passe-temps préféré : regarder les lueurs dans le ciel changer.

Le blanc d'acier éblouissant du midi s'adoucit, craquelé ici, fondu là, laisse apparaître les faisceaux écarlates, roses et orange, bientôt les vagues amples. Les mouettes et les goélands volent sur le Fleuve, suivent les barques. Les goélands sont de gros lascars. De véritables tyrans. Ils fouillent plus souvent sur le terroir, sur la rive jonchée de reste des nourritures, intimident les mouettes. Elles sont encore disparates, travaillent individuellement, raillent entre elles, parfois engagent des dialogues soutenus, parfois des monologues exaspérés. Il n'est pas encore l'heure de se regrouper, de faire une dernière tournée dans l'air, ensemble, sectionner le ciel comme pour créer des strates nouvelles transparentes au gré de leur mouvement.

Avec ses amis, Sam a l'habitude de regarder les photos et les vidéos sur les réseaux sociaux. Les animaux sauvages se comportant comme des domestiqués. Les animaux domestiques comme des enfants gâtés. Ils ont l'air affables, mais ce n'est pas tout. Sam sait qu'il se passe quelque chose. Les animaux sauvages ont compris que la planète est en danger, que leurs espèces sont en danger, et surtout qu'un certain nombre d'humains en ont pris conscience. Les fauves viennent vers les humains, leur montrent que le rapport a évolué, que le langage a changé. Ils veulent montrer qu'ils sont reconnaissants pour chaque effort mené par les humains.

Sam regarde le ciel, regarde les oiseaux et pense aux animaux sauvages, aux lions, tigres, léopards, ours et renards. Aux mamans éléphants et à leurs bébés. Son plus grand rêve est d'attraper un lion par la crinière et de l'embrasser. Sam sait qu'il dégage une odeur que les animaux reconnaissent comme rassurante, fiable, familière. Il est persuadé que le roi des animaux sera clément envers lui, qu'il lui adressera son amour en retour, par une forme d'affection un peu indulgente.

C'est une après-midi voluptueuse, enceinte de tant de rêveries.

Aujourd'hui il ne la finira pas seul. Sophia viendra le voir. Après plus de trois mois, Sam la reverra et ici même, dans son oasis privée. Un de ses amis qui travaille dans l'atelier lui a transmis le message. Sophia est allée les voir l'autre jour, dépitée, pour trouver quelqu'un qui pourrait contacter Sam en urgence. Le rendez-vous a été fixé en toute discrétion, par des gamins excités à l'idée d'être messagers d'une princesse venue d'un autre pays.

Alors Sam attend.

Enfin, il entend les pas. Le bruit des feuilles écrasées sous les pieds. Il se met debout. Il aperçoit la blondeur poudreuse, scintillante. Il peut à peine se contenir.

Mais plus la silhouette avance, plus Sam a des doutes. Il ne croit pas ses yeux. Sophia a tellement changé. Sa peau n'est plus immaculée, laiteuse, mais couverte d'une couche brunâtre, rêche, tachetée, comme les écailles d'un poisson mort. Ses boucles dorées ternes, effilochées. Surtout, Sophia est maigre comme un squelette. Seuls ses yeux brûlent d'une ardeur presque effrayante.

Elle lui sourit. C'est le sourire d'une vaincue qui demande pardon d'être vaincue. Comme si elle avait raté quelque chose, manqué à son devoir.

Ils s'assoient sur l'herbe.

Sam la regarde, de plus en plus décomplexé. Il sent que c'est elle qui a besoin de lui. Ce qui est un plaisir pour lui, ce rendez-vous, est une nécessité pour elle. Il a l'impression d'avoir le même âge qu'elle. Aujourd'hui, va-t-il attraper la crinière blonde et l'embrasser ?

Sophia cherche des mots. Elle avait d'abord pensé à transmettre un message écrit à Sam. Mais, si absurde que cela puisse paraître, à l'Ashram, il est interdit d'écrire. Papier, stylo, ordinateur, imprimante, photocopieuse :

aucun outil de transcription n'est mis à la disposition des Blancs. Ce qui est permis aux Verts et aux Safrans n'est pas dévoilé. Cela fait longtemps qu'elle n'a pas écrit. Ni lettres, ni mails. Ni dans son journal. Nulle part. Elle murmure. Puis presque plus. Les mots naissent dans son corps. C'est un écoulement. Les mots jaillissent dans son corps sans que personne ne s'en aperçoive. Sophia n'a plus besoin de parler ou d'écrire. Elle n'a plus besoin de personne. Elle est emplie, chargée, ivre de ses mots. Quand elle marche, elle ondule au rythme de ses mots.

Ici, sur le terrain vague sale et couvert d'herbes folles, elle se rend compte enfin qu'elle est perdue.

Durant une fraction de seconde, elle songe à retourner à l'Ashram. Le lieu qu'elle connaît désormais comme sa seule référence dans ce pays étranger.

Sophia regarde Sam. Elle a l'impression qu'il a grandi, comme s'il avait le même âge qu'elle. Comme s'il pouvait avoir un ascendant sur elle.

Elle détourne le regard. Elle regrette presque le moment où elle était vénérée par lui, exquise, inatteignable.

Comment demander de l'aide à un adolescent ! Pauvre, démuni lui-même. Elle aurait dû aller au consulat. Pourquoi elle n'a pas eu ce réflexe ! Elle a perdu les repères du touriste lambda. Elle est revenue au point de départ, pour dessiner un cercle. Sophia n'en a pas encore fini avec ce pays. Elle n'a aucune envie de le quitter.

Depuis le départ massif des Blancs et de certains Verts, il est interdit de sortir seul de l'Ashram. Vous êtes libre d'entrer et de sortir, l'Assistant lui a dit le premier jour. Pourtant, elle n'a jamais eu l'occasion d'en sortir seule, à sa propre initiative. Pour aujourd'hui elle a prétexté une visite au bidonville d'où venaient les enfants de l'atelier. Faire du bénévolat, c'est une bonne idée, mais vous vous attirerez des ennuis si vous vous promenez seule dans la ville. Vous serez guidée par un des Safrans.

L'homme l'a accompagnée, avec les enfants et adolescents qui rentraient chez eux après leur journée de travail à l'atelier. Une fois dehors, il ne marchait plus à ses côtés, mais derrière elle. Les gens leur lançaient des regards curieux, puis reprenaient leurs activités. Sophia se demandait s'ils comprenaient qu'elle était en quelque sorte prise en otage. Au tournant d'une ruelle étroite, les gamins ont entouré le Safran, chahuté autour de lui, Sophia s'est éclipsée dans une des huttes, l'a traversée comme un couloir, est arrivée de l'autre côté, sur la rive du Fleuve.

Maintenant, elle se dit qu'elle aurait dû aller au consulat. Pourquoi elle n'y a pas pensé ! Elle tourne en rond. Ses pensées tournent en rond avec elle.

Aurait-elle honte de se présenter ainsi devant les siens ? Aurait-elle encore envie de continuer ici dans ce pays étranger ? Cette escapade, serait-elle une fausse alerte ? Un caprice ? Sophia, voudrait-elle retourner à l'Ashram ?

Sam joue avec une brindille, dessine sur l'argile, la met dans la bouche et prétend fumer une cigarette. Il jette des regards furtifs vers Sophia. Elle n'est pas loquace, elle ne l'a jamais été. Mais son silence aujourd'hui est comme un mauvais présage.

Sam ne peut pas savoir que Sophia pense maintenant

à Markus. À tout ce qu'elle avait envie de lui dire. À tout ce qu'elle ne lui dira jamais.

Elle n'a pas pu lui dire adieu. Comment dire adieu à quelqu'un à qui on n'a jamais dit bonjour comme on aurait aimé le dire.

Soudain, elle se rend compte qu'elle ne pourra jamais se marier. Impossible de s'imaginer dans une robe blanche, avec un gentil marié, commerçant ou employé quelque part, les bouquets de fleurs aux tables et ses amies en demoiselles d'honneur. Il n'est plus question d'honneur ni de déshonneur pour elle. La ligne est effacée. Elle a connu trop d'hommes, trop d'étreintes, pour ne pas avoir d'hallucinations quand elle sera seule, si elle est seule avec un seul et unique homme. Son cerveau est peuplé de fantômes d'hommes dont elle a oublié les visages, les corps, dont elle n'a jamais connu les noms. Elle est devenue plurielle à jamais. Sans doute, elle ressemble à tant d'autres femmes qui sont elles aussi toutes plurielles, multipliées d'amours multiples. Semblables, substituables, génériques.

Et si elle ne retournait pas dans son pays, si elle ne retournait pas à l'Ashram ! Si elle quittait ce terrain vague, cette rive à l'odeur de morts, de fumée et de fleurs calcinées, avec ce garçon qui est maintenant en face d'elle, une brindille dans la bouche !

Sophia regarde Sam comme si elle allait enfin lui parler.

Les derniers oiseaux rentrent chez eux. Le ciel se vide de ses flamboyances. Au crépuscule tous les oiseaux sont des flamants.

Alors ils se parlent dans une langue qui est la leur.

Fragmentée, maladroite. Comme les enfants de la rue qui ramassent des bricoles et bâtissent leur maison de poupée.

Il suffira d'aller à la gare et de monter dans un train. Vers n'importe quelle direction.

Emmène-moi avec toi. Fais-moi une place dans ta valise moche, dans le pli de ton cœur. Je frôlerai les lignes de tes veines. Je bougerai au rythme de ton sang.

Je serai accusée de détournement de mineur.

L'amour est toujours un détournement. Mineur ou majeur. Te détourner de ton chemin, tracé et droit. Dérouter. Ensemble.

Je t'aime pour l'enfant que j'ai été. Pour l'ado que je ne suis plus. Je t'aime pour le premier garçon à qui je n'ai jamais dit mon amour. Je t'aime pour calquer ton visage sur toutes les feuilles mortes d'autres fois. T'aimer est remonter le Fleuve. Nager à contre-courant. Je veux t'aimer pour redevenir. M'enlever les peaux mortes. Je t'aime pour naître. Ici et maintenant. Je t'aime pour arrêter le temps. Pour boire à ta fontaine. Pour nager dans ta sueur. Jouvence. Semence. Dents plantées dans ton cou. Je t'aime pour m'aimer à nouveau.

À la Grande Gare, parmi les vendeurs à la sauvette fatigués, parmi les étals de fruits et légumes bientôt pourris, manuels spirituels, potions contre les MST et smartphones d'occasion, Sam et Sophia attendent le train. Ils se regardent de temps en temps, tandis que la foule frénétique les bouscule, se disperse, court dans tous les sens.

Dans la lumière des LED, Sophia peine à reconnaître la gare. Il est difficile de savoir si son regard vide en retient quelque chose.

Sam renifle bruyamment. L'odeur corrosive des désinfectants lui brûle les narines.

Le train finit par arriver.

Dans le wagon bondé, ils s'accrochent à la barre près de la porte, face à face, cherchent à avancer, chaque centimètre compte. Sophia ne s'habitue toujours pas à ces portes de trains sans battants, elle a peur de tomber à chaque saccade. Plus de douze heures de trajet. Quelques stations plus tard ils trouveront peut-être une place dans le wagon-lit. Malgré leurs billets sans réservation, avec un peu de persuasion, avec un peu de chance, ils pourront dormir la nuit.

Ils n'ont aucun bagage sur eux. Sophia a juste pu prendre son sac à bandoulière avec son portefeuille quand elle est sortie de l'Ashram prétextant une visite au bidonville. Passeport, téléphone portable, ordinateur, habits et d'autres affaires sont toujours dans un placard sous cadenas du bureau. Elle se demande si l'Assistant donnera l'ordre aux Safrans de débloquer son téléphone, de hacker son ordinateur. Et, s'ils l'exécutent, quelles seront les conséquences.

La brise du soir leur ébouriffe les cheveux. Les gens autour dévisagent Sophia. Elle les intrigue, mais ne les intimide pas. Ils devinent probablement que son allure d'infortunée ne relève pas que d'une question matérielle. Beaucoup d'étrangers viennent ici pour faire face au deuil, pour assister aux cérémonies crématoires des inconnus, croyant pouvoir trouver par analogie une quelconque signification à leur perte personnelle. Ce train va vers la ville où la mort est une célébration, où la mort offre à la fois une vision spectaculaire et une invitation à l'introspection. Où la mort génère du travail, des métiers divers. Prêtre, assistant de prêtre, créancier, greffier, comptable, vendeur de fleurs, d'offrandes et de bois d'incinération, embaumeur, porteur, crémateur... Les emplois suivent le système pyramidal de castes. De haut en bas, on arrive à la place du Dom, le Dalit parmi les Dalits, l'Intouchable parmi les Intouchables, celui qui mettra le feu au corps du défunt sans avoir le droit de le toucher. Sans le feu sacré porté par lui, le défunt ne fera pas son voyage ultime. S'il est touché par lui, profané, le défunt sera déchu du paradis promis. Entre deux hommes le mur de feu.

Sam considère ces métiers. Subvenir aux besoins de deux personnes, cela ne sera pas simple. Est-ce que Sophia sait faire quelque chose ?

— Je sais coudre. Fabriquer des sacs, des objets de décoration.

Sam pouffe de rire.

— Qui va acheter tes objets déco ici ?

— Rigole pas ! Ça peut fonctionner.

Sam devient pensif. Puis hausse les épaules.

— Je peux vendre mes cheveux.

— Surtout pas !

— Toi aussi d'ailleurs.

Y a-t-il des demandes pour les cheveux blonds d'occasion ? Sam ne le sait pas.

— Si tu te rases, ce ne serait qu'une seule fois. Ça mettra du temps à repousser. Comment faire en attendant ?

— Je peux vendre ma graisse.

— Mais t'es maigre comme un clou !

— J'en ai un peu autour de mon nombril.

Sam montre son ventre en effet légèrement protubérant. Séquelle de malbouffe, de malnutrition, de ver d'estomac, qui sait !

— Et ton affaire de chiens ?

— Oh ça...

Penser à son projet de chiens le fait presque pleurer. Il se jure de ne pas regretter de s'en aller avec Sophia. Des chiens, il y en aura, autant qu'il veut, quand il veut. Mais une femme comme Sophia, ça n'arrive qu'une seule fois dans la vie de quelqu'un.

À la station suivante, Sam descend pour acheter de la nourriture et de l'eau. Beaucoup de passagers descendent eux aussi. Quand il revient, il n'y a plus que des voyageurs allongés sur les couchettes. Sophia se trouve sur une couchette du haut. Le train gagne de la vitesse. Il ne s'arrêtera que cinq stations plus tard.

Sam monte sur la banquette. Les voyageurs dans cette classe leur ressemblent. Ils mangent de la nourriture achetée sur le quai, bavardent, jouent aux cartes, certains ouvrent leurs bouteilles de whisky tandis que d'autres se cachent le nez avec leurs écharpes et détournent la tête. Sam et Sophia se délectent des parathas graisseux et du curry de pois chiches. Un chai bien chaud et ça aurait été parfait. Sophia se contente d'eau.

Elle s'allonge, la tête vers la fenêtre. Celle de Sam vers le couloir. C'est un 69 asexué, surtout pratique pour gagner de la place.

La nuit s'accroît. Les lumières du wagon sont éteintes par les voyageurs installés sur les banquettes du bas.

Sam est assommé par la fatigue, par le stress de la journée. Il ne tardera pas à s'endormir. Sous ses yeux fermés il voit sa vache allumée. Ah, tout de même ! Abandonner ses trésors accumulés si assidûment, ce n'est pas rien.

Sophia ne ressent pas la fatigue. Au contraire. Elle est surexcitée. Elle se sent entièrement libre. Markus était son dernier rempart. Son lien avec le passé. Son dernier habit. Désormais elle est nue, peau à peau avec les hommes de ce pays. Aussi sale, aussi pauvre qu'eux. Elle peut chanter, danser, se déhancher avec la foule dans ce wagon. Elle aimera Sam parce qu'elle n'aimera pas Markus. Elle baisera Sam parce qu'elle ne baisera pas Markus. Chaque geste, chaque pas la fera dériver davantage loin de Markus et c'est ce qu'elle veut. Elle agira, ni pour ni contre lui, mais dans une réalité parallèle.

On redevient adolescent chaque fois qu'on tombe amoureux. On en sort vieilli et plein de sagesse inutile. Jusqu'à la fois suivante. Les yeux fermés, Sophia monte un projet élaboré de vengeance dont elle seule est le bourreau, elle seule la victime.

Des mains rugueuses la secouent.

Le wagon est inondé de lumière. Les gens sont pour certains réveillés, hirsutes, redressés sur les couchettes, alors que d'autres continuent à dormir. Deux agents de police sont devant Sophia. Elle ne voit pas Sam. Un troisième agent, une femme, l'attrape par le bras, lui hurle quelque chose en langue locale, probablement parsemé d'insultes car les voyageurs qui assistent à la scène sursautent, puis gloussent. Sophia descend de la couchette. Malgré le contexte elle ne peut pas s'empêcher d'observer le sari kaki aux plis impeccables de l'agente.

— Ta pièce d'identité !

Depuis le temps qu'elle réside dans ce pays, Sophia sait reconnaître le vouvoiement et le tutoiement dans la langue locale et leur signification sociale. Elle comprend que l'agente a décidé de se passer de la courtoisie.

Il va falloir se montrer patiente, surtout docile. Ce ne sont pas ses points forts, mais elle va essayer. Alors Sophia explique, s'excuse, explique encore et s'excuse davantage devant ces gardiens de la justice. Elle ne saurait dire si c'est en raison du point rouge écarlate sur le front de l'agente, ou des bracelets chapelets de l'autre agent, mais Sophia ne mentionne pas l'Ashram. Elle contourne son récit, le raccommode, coupe, supprime, elle enjolive ici et se tait là, bref, elle raconte qu'en faisant du bénévolat dans un bidonville, elle a fait la connaissance de Sam, et que maintenant elle veut l'adopter.

— Comme votre fils ?

L'agente la vouvoie. C'est un petit pas pour elle, mais un grand pas pour Sophia. Elles reprennent le dialogue en anglais.

— Oui, oui, mais il n'est pas obligé de m'appeler *maman*.

Aïe ! Une phrase de trop. L'agente la scrute de nouveau méchamment.

— Si c'est votre fils adoptif, forcément vous êtes sa mère. Quelle autre relation est possible sinon ?

Sophia est à court d'imagination. Elle veut savoir où est Sam, s'il n'est pas malmené. La première prise de contact des autorités avec un garçon comme lui, ce sera forcément sous forme d'une gifle. L'agente la rassure : Sam est pris en charge par ses collègues en tant que mineur, il sera interrogé sur la nature de sa relation avec l'étrangère. Mais avant tout, tous les deux devront payer une lourde amende pour voyager sans pièce d'identité.

Sophia n'ose pas lui rappeler qu'un garçon du bidonville ne possède pas de pièce d'identité. Quant à la sienne, elle raconte qu'elle s'est fait voler son passeport.

Les voyageurs en ont marre, leur curiosité a atteint la limite, ils veulent retourner dormir. Alors l'un d'eux offre une bouteille de whisky à la patrouille. Un agent saisit la bouteille, lui fait remarquer qu'elle est quasi vide, puis tous les trois poussent Sophia vers la porte.

Dans le couloir, Sam est assis au sol, en pleurs, lèvres fendues, chemise déchirée. Il regarde Sophia, plein de reproches.

Les agents font arrêter le train à la station suivante. Ils vont les emmener au poste de la gare. Sur le chemin, l'interrogatoire continue.

— Il s'est passé quelque chose entre vous ?

— Non madame, il ne s'est rien passé entre nous !

De combien de relations encore elle devrait prouver le non-lieu ! C'est du jamais-vu. Sophia pense soudain à ses partenaires du Cercle. Pourquoi personne n'en parle ? Pourquoi elle non plus ne les évoque jamais ? Tant de corps, visages, peaux, gestes, caresses, baisers, étreintes n'ont-ils plus aucune valeur ? Ne laisseront-ils aucune trace ? Quel gâchis ! Une déchèterie. Un cimetière des mâles errants. Sophia pense aux possibilités à peine ébauchées, goûtées, rejetées. Les hommes amoureux d'elle, elle les a délaissés comme les bornes routières. Et si, comme un créancier médiéval, elle faisait une tournée chez les anciens amoureux ? Certains sont ruinés, d'autres bien vernis. Personne ne lui doit plus rien.

Mais maintenant, dans ce poste de police, il va falloir prendre la situation en main. Sophia se redresse, réclame de passer un coup de fil à son consulat. Cela produit l'effet souhaité. Les agents échangent des regards. Comme si pour la première fois ils se rendaient compte de l'origine ethnique de Sophia et de ce que cela signifie.

L'accueil ne répond pas, il est presque une heure du matin. Toutefois, le numéro composé, l'appel passé en mode haut-parleur, l'annonce de la boîte vocale du consulat en langue étrangère résonnant dans le petit bureau de la police, la scène a son impact.

Sophia est relâchée, sous condition de se rendre au commissariat de sa ville de départ.

Sophia et Sam attendent le train de retour. Il n'y a plus personne sur les quais à cette heure de la nuit. La carcasse métallique de la petite gare sombre dans le clair-obscur comme un navire déserté.

Sam lui apprend que dans le wagon tout à l'heure l'agente l'a traitée de *randi*. C'est très grave.

— *Randi* veut dire « pute ». À ne pas confondre avec *anda*, « œuf ».

— Quel est le rapport ?

— Ça sonne pareil, non ?

— Mais pas du tout.

Sophia sent qu'elle va avoir sa première grande dispute avec le gamin.

Épuisés, ils s'assoient sur un banc. Sam lui tourne le dos. Sophia le regarde. Sa nuque sur lequel le duvet se déploie en ailerons délicats. Elle l'attire vers elle. Sam est surpris, ravi, incrédule de sa chance soudaine. Sophia l'enlace pour le laisser poser la tête sur son épaule. Sam soupire, se détend, commence à somnoler. Sophia est fascinée par son corps osseux et léger. Elle a l'impression de tenir une cage d'oiseau. Elle pourrait en faire ce qu'elle voudrait. Une lueur tendre et perverse danse dans ses yeux. Elle effleure son dos. Dessine de petits traits. Un jour sans Markus. Sept jours sans Markus. Un mois sans Markus. Un siècle sans Markus. Le dos de Sam est bientôt rempli de jours sans Markus. Sophia et Sam restent enlacés, ensommeillés, comme deux naufragés au milieu de nulle part.

Contrairement à quelques éjaculateurs précoces que Sophia a connus, Sam ne montre aucun signe de gêne ou de honte. Il est aux anges d'être entré dans le corps d'une femme, qui plus est, une Blanche, une blonde, une sublime. Peu importe le temps qu'il ait pu y rester, pour lui c'est une entrée en matière fracassante.

Sophia observe l'adolescent devenu homme. Sans perdre, sans souffrir, sans verser de sang. Elle trouve cela injuste. Le pouvoir de l'homme sur la femme vient de là. Sur un champ de bataille, l'une saigne, l'autre pas. Il n'est jamais blessé. C'est lui qui blesse. Invincible, prêt à accaparer les territoires. Elle a une soudaine envie de lui foutre une baffe. Elle se demande comment l'acte serait interprété, si elle, Sophia, agressait physiquement un garçon mineur, noir, issu du bidonville.

— Qu'est-ce qu'y a ? T'es fâchée ?

— Non, non.

Sophia continue à le dévisager jalousement. Mon Dieu !

Qu'est-ce que j'ai fait ! Pourquoi je l'ai transformé ? Pourquoi je lui ai octroyé un tel pouvoir ?

Quoique, pour en profiter amplement, il lui faudrait de l'entraînement, d'endurance, de persévérance, quelques techniques. Sophia rebondit sur le lit. En voilà un nouveau projet !

— Viens là, toi !

Elle peut à peine dissimuler son rire, ses dents qui grincent.

Les pas des touristes résonnent dans le couloir. Les voix, râles, rires, gueulantes des clients et de leurs prostituées, des amants du jour, des travailleurs immigrés d'autres régions bourdonnent dans la ruche. Ils ne savent pas qu'un ménage éphémère est installé dans la chambre 12 de cet hôtel miteux.

Coucher sans états d'âme veut dire que l'âme erre ailleurs, elle a d'autres occupations, elle n'est pas vendue mais attend devant la porte de quelqu'un d'autre, comme un chien un jour de pluie. Sophia regarde Sam lui faire l'amour. Elle se regarde lui faire l'amour. Rire, sourire, minauder, plaisanter. Alors qu'une partie en elle est grignotée, rongée par douleur, tombée en miettes. Elle attrape les barres verticales de la fenêtre tandis que Sam la prend par-derrière. L'orage éclate dans un coin éloigné du ciel. L'odeur de la pluie sur l'asphalte vient la saisir, devient si enivrante que Sophia a envie de s'extirper par la fenêtre, de lécher l'eau, de se tremper. S'il lui restait un seul bonheur à nommer ce serait cette odeur. Elle se raidit sous les assauts de plus en plus hardis de Sam, sans retenir les larmes. Sophia pleure tellement que bientôt ses yeux lui font mal, ils semblent se détacher de son visage et flotter sur la flaque d'eau.

*

Le vieux bazar a été rasé pour ériger le centre commercial de trois étages, d'allure modeste. Puis au fil des mois, les commerçants sans permis sont revenus au pied de la petite tour pour réinstaller leurs échoppes. L'affluence n'a pas changé, vu les petits prix et la variation impressionnante des produits.

Sophia fait ses courses, compte ses sous, tâte les affaires, les repose aussitôt. Cela fait une semaine qu'elle paie l'hôtel, les repas... Un téléphone portable pour deux, le moins cher du marché... Elle se gratte les bras. Elle avait cessé de s'épiler à l'Ashram, pas de dispositif à sa portée, la question ne se posait pas, il s'agissait de laisser apparaître le corps tel que mère Nature l'a conçu. Les expériences diurnes et nocturnes furent telles que quelques poils de trop ne pouvaient plus la bouleverser. Maintenant, dehors, l'inconfort l'agace. Sur les rayons de produits de beauté elle ne trouve pas ce qu'il lui faut. Le rasoir l'horripile. Elle a téléphoné à une boutique située dans un quartier huppé, après plusieurs tentatives, quand elle a enfin réussi à terminer sa phrase, l'homme à l'autre bout du fil a marmonné entre les dents *sale pute* avant de lui raccrocher au nez. Quelle femme respectable veut acheter un produit pareil et encore, sollicite un homme à ce sujet? Sophia se demande si elle peut se payer un institut de beauté, et si oui, accepterait-il de lui faire l'intégral ou la foutrait-il à la porte ? Finalement elle trouve des bandes de cire froide et décide de s'en contenter. Être pauvre est une chose, mais l'être dans un pays pauvre et étranger, c'est une autre affaire.

Sam a essayé de vendre du thé aux commerçants et aux clients, préparé dans la chambre d'hôtel. Mais ses concurrents, une bande d'adolescents de la zone lui ont fait connaître les règles du monopole. Ils ont confisqué la bouilloire, les verres et le paquet de thé, le cassage de nez n'a pas été nécessaire car Sam s'est rendu sans protestation. Sans le chai, Sophia ne peut pas commencer sa journée, mais elle ne sait pas combien de temps sa bourse tiendra encore. Elle dépense l'argent et les jours sans la moindre idée de l'avenir. En cette fin de matinée, elle erre entre les échoppes. Les commerçants ne prêtent plus attention à elle. Elle a la peau si bronzée maintenant que certains la prennent pour une métisse.

Au tournant d'une allée, un type l'aborde. Corpulent, barbu, chevelure abondante jusqu'aux épaules. Errant comme elle, avec un appareil photo pendouillant sur le ventre, et des photos à la main. Tapotant sur son appareil, étalant les photos sur sa paume, ponctuant de clins d'œil, il lui fait une proposition bien honnête. Une transaction lucrative. Du donnant-donnant. Vu son physique, ça va cartonner. Il ne se méprend pas sur elle, sa beauté blonde sera un atout unique, il le sait.

Sophia hésite. Les éloges sur son physique lui font un grand bien. Ils lui rappellent ce qu'elle est, ce qu'elle est censée être, surtout dans ce pays, aux yeux des gens d'ici. Le manque d'argent est une source d'angoisse permanente. Au lieu de renvoyer le gamin au charbon, voilà une occasion pour elle d'agir en adulte. Elle accepte.

Le manager d'hôtel les dévisage, ni plus ni moins surpris, signalant juste en se frottant le pouce et l'index qu'il attendra sa part.

Sam rôde quelque part dans la ville, à l'affût du travail. Il faut attendre encore quelques heures pour lui annoncer la bonne nouvelle.

Sophia s'étonne de la spontanéité avec laquelle elle réussit à inviter l'inconnu dans sa chambre, de la fluidité de ses gestes, de la légèreté de sa voix. Quelque chose est définitivement brisé en elle, il n'y a plus de porte, mur, seuil en elle, juste un terrain vide ouvert.

Le photographe jauge la pièce. Les murs vert d'eau, le plafond blanc, le sol en carrelage effet marbre noir. Les barres verticales en fer noir de la fenêtre le dérangent un peu – ça fait prison. Ce n'est plus à la mode. Il arrange le lit, enlève les oreillers, fouille dans l'armoire et sort un jeté de lit rouge.

Il prend quelques prises rapides d'elle, les scrute.

— Allez, passons aux choses sérieuses. Enlevez-moi tout ça.

Sophia est soudain décontenancée. Le type lui donne cet ordre sans gêne. Aucune révérence, aucune admiration. De la rue à la chambre les règles du jeu ont changé. Il fait jour, un jour sans merci. Le soleil brille et brûle. Dehors les gens crient, gueulent, éclatent de rire. L'homme comprend son hésitation. Il tire les rideaux, crée un clair-obscur, n'enlève pas ses habits, déboutonne juste sa tunique.

— Vous êtes belle ! Ravissante ! Allez, montrez-moi combien vous êtes belle !

Sophia esquisse un léger sourire. Se tient droite, puis s'appuie le dos contre le mur, regarde la caméra, tourne la tête et regarde vers la fenêtre.

— Oui, oui, c'est très bien comme ça ! Gardez la tête comme ça, regardez vers moi. Ouvrez la bouche, juste un peu, mouillez-vous les lèvres, souriez, non, souriez pas, penchez-vous vers moi, encore, encore un peu...

Il continue à cliquer. L'appareil fait du bruit comme de gros ciseaux qui coupent le silence. Il vient tout près d'elle, ne la touche pas, continue à lui parler, à la cajoler avec ses mots. Il s'arrête de temps en temps pour juger les prises.

— C'est pas encore ça ! Allez, je veux montrer ce que je vois. Ma caméra ne le voit pas encore.

Sophia transpire. Son corps arrange-t-il les choses pour elle ? Lui fournit un prétexte ? Elle ôte sa tunique. Puis son soutien-gorge. Elle se voit dans le miroir. Elle se plaît. Elle retire son pantalon.

— Stop ! Juste ça. Pas plus.

Debout, assise, penchée, inclinée, sur le fauteuil, sur le lit, contre le mur, contre le miroir, enfin sur le sol noir marbré, allongée, accroupie, étalée, Sophia se prête au regard de l'homme et de son appareil. Elle ne sait pas lequel des deux voit mieux, juste, vrai. Qui ment. Qui expose.

Toujours est-il que Sophia est de plus en plus excitée, par elle-même. Elle commence à se caresser le visage, le cou, les seins.

L'homme a une sacrée retenue. Un sens du professionnalisme inouï. Il bande mais par une moue boudeuse fait savoir qu'il ne faut pas y prêter attention.

Sophia éclate de rire. Se met les doigts dans la bouche. Rit encore. Se regarde dans le miroir et embrasse son reflet.

— C'est ça ! C'est ce que vous êtes. Ne bougez plus !

Après plus de trois cents clichés, l'homme semble avoir enfin saisi l'âme de la femme. Errante, trébuchante, volatile. Monnayable aussi.

Il lui file quatre billets de cinq cents en monnaie locale. Cela s'appelle taper dans plusieurs mille. Il fait un salut militaire, sourit et s'en va.

Lasse et accablée, Sophia s'abandonne sur le sol frais de la chambre et ne pense plus à rien.

Sam tarde à rentrer. Par un vieux réflexe Sophia cherche son téléphone portable. S'immobilise de nouveau au sol. Puis se relève d'un bond et compte les quatre billets. Elle devrait s'en réjouir. Qu'est-ce qui l'empêche ? Elle n'a pas de frein pour aller de l'avant, pour franchir les limites, et c'est seulement quand elle revient que les barrières se dressent ? Quel est cet ennemi en elle qui lui dresse des remparts ici, creuse des fossés là, lui dessine les ailes et efface le ciel ?

Sophia pleure encore un peu. Moins angoissée. Non mais comment a-t-elle pu oublier ? Ne lui reste-t-il alors rien de ce qu'elle a connu et pratiqué ? Elle se relève, s'étire, se penche, ne nomme pas les gestes. Elle se tient droite, la jambe droite étirée, les mains jointes au dos, c'est elle *La Petite Danseuse de quatorze ans* de Degas.

Son corps oublie si vite ! Il s'oublie surtout. Est-ce une bonne chose ? De ne jamais se sentir atteinte, souillée, détruite ? Cette force de se régénérer, de se réinventer et de survivre encore et toujours, est-elle juste ? Est-elle fiable ? Est-ce une amie, cette énergie ? Ou c'est le diable qui la fait courir ainsi, la fait danser et sauter dans tous les cirques pour se foutre d'elle ? Être à la fois pute et vierge. Putain de corps avec l'esprit vierge !

Quand elle descend à l'accueil pour refiler un billet de cent, le manager lui offre un chai. Elle secoue la tête pour refuser. Il n'insiste pas.

— Vous savez pourquoi on l'appelle l'Hôtel du Nord ?... Parce qu'on voit l'étoile du Nord du grenier.

C'est-ce qu'on voit de tous les greniers, non ? Sophia le pense, mais ne dit rien.

Au crépuscule, les amoureux se rencontrent au bord du lac, baignés de ce qu'on appelle *la lumière pour voir sa fiancée.* Sur les parapets, sous les arbres et derrière les buissons les couples passent leurs après-midi, enlacés, à manger des cacahouètes et des glaces, à s'embrasser furtivement à l'insu des riverains, à se dire des choses dont eux seuls détiennent la logique et la cohérence. Ce sont des étudiants, étudiantes, des travailleurs, des chômeurs, ce sont des jeunes femmes sans formation et sans emploi, qui échappent à leurs parents vigilants et rejoignent en cachette leurs amoureux. La plupart d'entre eux ne vieilliront pas ensemble, soit de leur plein gré, soit sous la pression familiale, ils se marieront avec d'autres hommes, d'autres femmes. Quelques rares couples tiendront le coup. Leurs longues années de fiançailles téméraires se termineront soit en cavale, en mariage secret, soit, pour les extrêmement chanceux, en épousailles cérémonieuses, approuvées par les familles. En attendant, ils murmurent des paroles édifiantes, des promesses sacrées.

Sam ne dira pas à Sophia que l'autre jour il a embrassé ici une jeune fille. Une adolescente qui traîne avec la bande de vendeurs de thé. Les garçons ont fini par accepter l'intrus. Quand ils menacent de lui cogner dessus, Sam prend l'air surpris, surtout très posé. Son calme les désarçonne. Les filles le trouvent mignon, adorable. Sam n'est pas d'ici et ne restera pas longtemps parmi eux. Ensemble ils vendent du thé au marché maintenant. La fille qui l'a embrassé fréquente un autre garçon, le chef de la bande. Ce dernier a haussé les épaules, a donné sa permission, vu que la fille s'est portée volontaire, comme le comité d'accueil, après les deux semaines de calvaire qu'ils lui ont fait subir. Sam ne leur dit pas qu'il a de l'expérience en la matière, qui plus est avec une étrangère, une déesse, un peu salie, un peu fauchée en ce moment certes, mais c'est tout de même extra. Ils l'interrogent sur Sophia. Elle les intrigue, évidemment. Sam reste évasif, invente des alibis à dormir debout. Les gamins le croient à moitié, s'en fichent au fond, reprennent leurs activités, au marché il y a toujours de quoi s'animer.

L'amour a fait de lui un menteur. Il ment pour protéger ce qu'il vit, pour se protéger. D'instinct, il se sait vulnérable.

Aujourd'hui, Sam a emmené Sophia ici, au bord du lac. Ils ne se tiennent pas par la main, marchent côte à côte en faisant attention de ne pas se frôler les épaules, Sophia transpire un peu, rougit comme une adolescente, Sam la guide, fier d'être l'homme de la situation. Sam et Sophia s'assoient en face du lac qui n'a pas l'air placide, une marée solaire voluptueuse monte au fil des heures.

Ici, dans ce rassemblement officieux des amoureux, Sophia se rend compte qu'elle n'a aucun désir physique pour Sam. Elle pourrait se contenter de sa présence, de son corps gracile, mûrissant, de son minois amusé, de sa voix cassée, juste pour ne pas se sentir seule. De la méthadone pour une droguée d'amour.

La première alerte est lancée par un gamin qui vendait des cigarettes aux amants du jour. Il siffle deux fois, lui-même alarmé. Les couples se précipitent, effrayés, certains poussent des cris, les femmes s'accrochent à leurs hommes, eux-mêmes oscillant entre frayeur et bravoure.

D'abord on entend les vrombissements de plusieurs moteurs. Avec les autres, Sophia et Sam aussi sont debout, s'agrippant par le bras. Apparaissent alors les motos, des frelons géants noirs et virulents, menés par les Safrans-Noirs, difficile de dire où s'arrête le corps de la bestiole, où commence celui de l'homme. Les hommes et leurs animaux en fusion, envenimés les uns comme les autres, les uns par les autres, ils avancent vers les amoureux du lac. Vêtus de noir, des foulards safran enserrant les têtes, les hommes descendent avec les bastons à la main. Paniqués, les amoureux courent, désorientés, dispersés, certains sautent dans le lac, d'autres tentent de traverser la rue.

Sophia ne comprend pas la raison de ce raid. Mais il n'est plus temps de comprendre, de réfléchir, Sam l'attire par le bras, essaie de l'emmener vers la rue. Soudain Sophia pense être la cible principale, la cause de cette descente du commando. Sans doute envoyés par le Guru, les Safrans-Noirs de l'Ashram, ils ont retrouvé l'évadée, pour la ramener au bercail.

Sophia s'extirpe de la main de Sam. Pars ! Cours ! Sauve-toi. C'est pour moi. Sophia avance vers les motards. À sa grande surprise, ils la repèrent à peine et essaient d'attraper les couples. Douze motards au total finissent par saisir quelques jeunes hommes et jeunes femmes. Commence la bastonnade – des gifles, des coups de poing au ventre et au visage, des coups de pied à ceux qui s'écroulent au sol, arrosés d'insultes comme par de l'acide.

De leur charabia vociférant Sophia déduit qu'ils sont venus défendre les valeurs morales ancestrales, empêcher les jeunes de vivre dans le péché, anéantir les mécréants musulmans ou chrétiens avant qu'ils ne puissent vicier les corps sacrés des hindous.

Couple mixte, couple non mixte. Existe-t-il une équité en amour ? Peut-on s'aimer de façon identique comme son reflet dans un miroir ? Les amoureux ne sont-ils pas trapézistes à se lancer dans le vide, sans filet, à s'attraper de justesse, à se casser la gueule aussi parfois ? Tous les couples sont mixtes. L'amour est toujours impur. Maladroit. Mal dosé. On s'enivre comme on peut. Les ivrognes ne se plaignent pas de leur nectar fétiche.

Les Safrans-Noirs sont corpulents, musclés, suivent sans doute un entraînement physique intensif. Ils agissent comme une force paramilitaire, frappent comme des bandits. À cet instant précis, Sophia est presque étonnée de ne pas les voir sortir des armes à feu.

Parmi les jeunes, elle ne saurait distinguer les hindous des musulmans ou des chrétiens. Comment les motards y parviennent ? Ils sniffent comme les chiens de chasse ? Ils grognent comme les cochons ?

Les jeunes couples ensanglantés pleurent, demandent pardon, jurent de ne plus jamais recommencer. Sophia ne voit pas Sam. Il a donc réussi à s'enfuir ! Le commando va s'en aller. L'un d'eux stoppe sa moto devant Sophia. La dévisage. Sophia est figée. Elle s'apprête à inventer des excuses. Le Safran-Noir mâchonne des insultes. Crache par terre. Ils échangent entre eux quelques avis bien aiguisés sur la femme étrangère parmi les couples illégitimes au bord du lac. Puis démarrent leurs engins à faire monter des nuages de poussière sales et petits.

Les jeunes hommes et les jeunes femmes se relèvent, courent les uns vers les autres, certains s'insurgent contre leurs bourreaux désormais absents de la scène, envisagent de porter plainte. De toutes les façons ils se reverront, éviteront quelques jours le lac, iront dans les salles obscures de cinéma, puis reviendront ici, pour revoir leurs fiancés et leurs fiancées à la lumière du crépuscule.

Sophia veut retrouver Sam. Mais comment ? Elle ne connaît personne dans cette faune. N'ose pas les importuner dans leur état actuel. Elle les laisse et avance vers l'hôtel.

Les nouvelles du raid sont parvenues jusqu'à l'hôtel. Les clients sont agités, effrayés. Le manager est furieux.

Il veut monter la garde, son hôtel est son château, il ne le laissera pas tomber dans les mains des fanatiques. On baisera ici comme on veut, avec qui on veut. Le bordel sans frontières, c'est ici. La fête de toutes les religions, c'est ici.

Il dépoussière les photos des actrices de l'âge d'or de Bollywood accrochées au mur derrière le comptoir : Helen la vamp danseuse, immigrée birmane chrétienne, Nadira la juive sulfureuse avec une cigarette à la main, Madhubala et Nargis – les beautés divines musulmanes –, Meena Kumari la reine de la tragédie, de son vrai nom Mahjabeen Bano, venue d'une famille dont les parents et les grands-parents s'étaient convertis de l'islam au christianisme et encore à l'islam par amour, Vyjayanthimala la brahmane végétarienne, actrice et danseuse qui n'a jamais caché sa chair pulpeuse, et enfin sa préférée : Waheeda Rehman, figure de la femme libérée, la seule à préserver son nom de naissance, à ne pas céder au diktat de l'époque qui consistait à emprunter un nom de scène pour dissimuler l'appartenance religieuse non hindoue.

Les clients et les prostituées observent le manager zélé. Quelques filles prennent la pose devant les photos, une cigarette fantasmée à la main, des fleurs rêvées dans les cheveux, une ceinture sertie de doigts précieux à la taille et entre les jambes.

*

Sophia monte dans sa chambre. Sam n'est pas encore rentré. Où est-il ? Est-ce qu'il a pris à ce point peur qu'il s'est enfui ? Sans parler à Sophia ?

Elle fait les cent pas dans la pièce.

Soudain elle se rend compte que cela fait plusieurs heures qu'elle n'a pas pensé à Markus. Deux heures et douze minutes précisément. C'est la plus longue absence de Markus de ses pensées. Les gardiens des mœurs n'ont pas seulement brisé les couples au bord du lac, mais aussi un autre, invisible, qui n'avait d'autre rive pour se promener que son imaginaire à elle. Exposé, saccagé, sali, ce n'est plus un endroit pour Markus. Il est devenu si difficile de le préserver, de le protéger de l'usure du temps, de sa propre lassitude. Le temps est corrosif. Le temps c'est l'acide. Il brûle, chaque jour, ce que lui-même a proposé la veille. Souvenir de la viande cuite, saignante. Cramé. Déformé. Tout part en fumée. Jusqu'à quand encore devrait-elle rester vaillante, monter la garde, pour qu'un jour Markus réapparaisse, d'une idée vague, d'un presque souvenir, prenne corps et lui adresse à nouveau un bonjour ? L'absent trotte dans sa tête, boit son sang, la laisse exsangue. Il n'est pas beau, pas tous les jours, son amour pour Markus. Sinistre, désespéré, il s'automutile. Qui aurait envie de lui ?

Sophia soupire. Un travail de forçat, cet amour !

Si elle gagnait beaucoup d'argent à l'instant, des milliers, un million, si elle pouvait enfin s'extirper de cet hôtel crasseux, de Sam et de ses étreintes hébétées, de ses babillages qu'elle ne comprend qu'à moitié, si elle pouvait enfin trouver le courage de quitter ce pays sale et misérable, est-ce qu'elle penserait encore à Markus ? Est-ce qu'elle fêterait l'aubaine avec ses amies, ferait couler du champagne, mangerait trois assiettes d'affilée de spaghettis à la bolognaise, échangerait des textos multiples et parallèles avec ses amoureux ? Si un homme, un inconnu beau et riche, lui déclarait son amour, voulait l'épouser, si elle était frappée par le bonheur à cet instant précis, catapultée dans un pays de joies infinies, si elle pouvait changer son foutu destin, est-ce qu'elle aimerait encore Markus ? La misère aime la compagnie. Sa pauvreté et son infortune amoureuse sont deux vieilles clochardes qui se tiennent chaud, se bourrent la gueule et pleurent ensemble.

Les spasmes d'espoir la saisissent au petit matin.

Mais pourquoi baisser les bras? Loin de l'Ashram, esseulée, Sophia se retrouve dans la même oscillation, entre le désespoir et l'entrain. Les coups de fouet invisibles qui l'abattent au sol puis la redressent. Elle se prépare vite, descend et avale un chai brûlant au restaurant de l'hôtel, entre dans un cybercafé.

Il n'est pas commode de gérer ses comptes sur les réseaux sociaux sans posséder un smartphone. Du moins un ordinateur portable. Comment cliquer, approuver, désapprouver, commenter, choisir les émojis adaptés, recevoir les notifications à longueur de minutes, sans tripoter un clavier H24? Sophia n'a jamais été très active sur la toile, ses centres d'intérêt ne demandent pas un suivi acharné des évènements. D'ailleurs a-t-elle vraiment des intérêts, elle se le demande, quelques curiosités périphériques. Un chanteur populaire mort, une actrice divorcée, ou un chien piégé dans l'inondation finalement sauvé par les pompiers... Ces bribes d'information l'interpellent, elle like, hésite à laisser un commentaire, à quoi bon, lit les remarques des autres, la méchanceté gratuite des uns la désole, la gentillesse des autres lui redonne foi en l'humanité.

Ainsi ce matin elle s'installe devant un des ordinateurs, dans le cube numéro 4, sans trop de conviction.

FF : Frenchie Frustrée. C'est ainsi que les filles et les garçons du quartier l'appellent, derrière son dos. Devant elle, ils se pressent les lèvres afin de faire monter le son fffff comme pour souffler sur une boisson chaude et éclatent de rire. Ils connaissent son ménage avec l'adolescent, ils savent aussi qu'il s'est barré, depuis déjà une semaine, et ils savent qu'elle passe son temps à pleurer. Ils ne comprennent pas son esseulement. Elle n'est pas imbaisable. Plutôt le contraire même. Par moments elle est très excitante, quand elle décide de relever la tête et regarder les gens en face, presque surprise que les autres existent, d'autres hommes et d'autres femmes, que leurs voix, paroles, gestes, sourires, rires pourraient égayer sa journée, et qu'elle a tort d'y renoncer. Alors que les femmes et les hommes se font du rentre-dedans partout et à tout moment, les mariés et les célibataires trouvent leur compte, maintiennent sans tracas leurs agendas secrets, alors que leurs cris de coït font sursauter les chiens dans la rue le jour comme la nuit, quel intérêt à rester seule, à se priver du plaisir si facile !

Sophia ne prête pas attention aux jeunes autour d'elle, attroupés devant les ordinateurs. Elle sait qu'elle est la risée du quartier et s'en moque éperdument. Son énergie est dépensée pour Markus et pour Markus seulement, aucune possibilité de la canaliser vers les autres. Sophia n'est pas une grande lectrice de littérature. Sinon elle saurait que son comportement enfreint les règles, du moins les coutumes. La femme est objet de convoitise, ce n'est pas à elle de courir, de poursuivre, de pourchasser. Tant d'histoires belles, bouleversantes, glorieuses sur la chasse et la conquête par les hommes ! Même leur défaite est sublimée. Où elle est allée chercher une intrigue à marcher sur la tête ? Et encore, si l'homme montrait un quelconque intérêt. Ne sait-elle pas que sa seule légitimité d'être est celle d'être désirée ? Et que si le rôle est inversé, on viendra lui trouver mille failles, mille défauts, réels et inventés ? Fffff, pfffff et re-fffff.

Sophia réactive son compte sur Instagram, s'inscrit sur Twitter, et revient sur le bon vieux Facebook. Sur ce dernier elle n'a aucun accès au DJ allemand mondialement reconnu comme *GOAT*. Il y a une page dédiée, on peut la liker, les vidéos sont postées par l'administrateur de la page, peu probable que ce soit Markus lui-même. Sur Twitter, il semble que ce soit lui qui annonce ses concerts, partage les photos, parfois avec ses fans. Rien de personnel. La vie n'est qu'une série de concerts, flambés aux lumières éclatantes rouges, roses, bleues, psychédéliques. Sur Insta en revanche il se dévoile davantage. Une bière à la main, ou une clope, les yeux de fêtard, avec ses potes, ou seul, en jogging, en méditation, en position de yoga sur son balcon ou sur une plage, plus souvent devant son ordinateur, dans son studio chez lui, puis avec une femme, une jeune femme très belle. Elle réapparaît à plusieurs reprises, d'abord aux restaurants et devant les monuments historiques, puis à la plage et à la montagne, dans son salon sur un canapé en laine bouclée, habillée avec beaucoup de goût, puis négligemment, en pyjama tous les deux, en train de nourrir un labrador. Est-ce que le labrador est à elle ? Ou à lui ? Ou bien ils l'ont adopté ensemble ?

Sophia est soudain affolée de ne pas en savoir plus sur le labrador. Elle fouille les stories, cherche un indice, rien. Elle tape dans le moteur de recherche « Markus Meyer » et « labrador », « chien », « adoption ». Toujours rien.

Elle respire un bon coup. Reprend le clavier. Sophia crée un deuxième compte sur Insta. Avec une photo trouvée sur la toile de Scarlett Johansson, pas sûr qu'elle soit libre de droits. Ensuite elle change d'avis. Choisit une photo d'elle-même, la transforme en portrait, le genre qu'on voit au musée, ou dans une galerie d'art moderne, il y a du choix. Sophia opte pour une adaptation de l'époque contemporaine. Elle pense soudain à Laurent, l'ami dessinateur. Alors elle trouve sur son compte Facebook un nu d'elle fait par Laurent. Pas mal, pas mal du tout ! Très contente, Sophia utilise son portrait au fusain comme photo de profil. Et se présente sous le nom de... Sonia. Non, elle ne se casse pas la tête. Maintenant il faut nourrir son compte. Elle est à court d'idées. De quoi nourrir cette bête ?

Elle poste ses anciennes photos, plus jeune, un peu floues, pas très réussies, seule, avec ses amies, puis supprime ces dernières, elle ne veut pas créer de la concurrence, puis les remet quand même, ça craint les photos uniquement solitaires pour une jeune femme, elle poste aussi les photos de ses plantes, des fleurs, celles qui ont résisté au gel et à la sécheresse, celles qui s'épanouissent toujours sur son balcon chez elle, dans sa petite ville de province. Elle regrette de ne pas avoir pris plus de photos de la ville, du ciel, des nuages, des arbres. Peut-être un jour. Une résolution à mi-voix.

Une trentaine de photos, y compris les dessins d'elle faits par Laurent. Assez satisfaisant pour l'ouverture d'un nouveau compte. Elle pense prendre des photos d'ici, des hôtels et des magasins, de la rue, de la foule, des gens qui la regardent, des gens qui sont pressés d'aller quelque part. Elle verra ça plus tard. Si elle ne veut pas dévoiler à Markus son identité, pas tout de suite en tout cas, elle doit rester très prudente. Un petit indice, l'enseigne d'un commerce, une route, un pont routier, des arbres, surtout ces arbres couverts de poussière, un détail pourrait la démasquer.

Elle suit le compte de Markus, like ses photos, laisse quelques cœurs rouges, roses, vibrants, en paquet-cadeau ici ou là. Et partout l'émoji de la chèvre. *Greatest Of All Time.* Maintenant elle va attendre.

Les trois jours suivants, le matin et le soir, Sophia va au cybercafé pour nourrir son compte Instagram, et surtout pour traquer Markus. Elle sait désormais que depuis qu'il est rentré à Berlin il a enchaîné deux concerts, à Dubaï et à Mexico City. Elle ne peut pas lui envoyer un message privé, mais son compte à elle est ouvert.

Le quatrième jour Markus répond à un de ses commentaires, par un *namasté* blond. Ce n'est pas encore le Graal. Tout de même, un signe de reconnaissance, à ne pas bouder. Sophia like aussitôt le *namasté.*

Au bout de dix jours, Markus engage un dialogue avec elle. En message privé. Il la remercie pour tant de gentils messages, tant de soutien à sa musique. Elle le relance, lui pose des questions, comment il compose, quelles sont ses sources d'inspiration, s'il aime ses voyages, quelle est sa destination préférée, depuis quand il pratique le yoga... Markus lui répond une fois sur trois. Parfois il ne répond point à ses questions, laisse une remarque générique, mais qui a l'air authentique, sur les pays divers, le public divers dans chaque ville qu'il visite, sur la force mystique de la musique sur lui. Il lui demande souvent comment elle va, comme s'il s'intéressait sincèrement à son cas.

Sophia commence à oser. Elle lui dit qu'il est beau, très beau, qu'il est impossible de résister, même sur la toile virtuelle. Markus répond qu'elle aussi, est très belle et irrésistible. Sophia préfère le croire. À l'écrit, le français de Markus est presque aussi fluide qu'à l'oral. Sophia se souvient de leur parloir au crépuscule, au bord de l'étang de l'Ashram. Elle s'en veut de tricher, de tromper Markus par son profil truqué. Mais le jeu l'excite. Après longtemps elle a l'impression de contrôler quelque chose. Si seulement elle avait su que ce serait si facile de renouer le lien défait ! Parfois elle regrette presque cette facilité, n'importe quelle femme donc peut séduire Markus, avec n'importe quel émoji ? Elle se secoue et chasse ces pensées défaitistes. Il faut rester vaillante, une guerrière d'amour. Déconnectée du réel, hors-sol, hors contexte, elle ne pleure plus, n'y pense plus, chaque jour elle court vers les mots déposés par Markus sur l'écran d'ordinateur.

Leurs échanges deviennent de plus en plus intenses, frôlent l'intime. Dommage que je ne puisse pas te voir, que je ne puisse pas entendre ta voix. Mais je suis là, tout près de toi. J'ai envie de te voir, en vrai. Markus lui répond par un émoji qui rougit. Puis par un émoji attifé de lunettes de soleil. À nouveau déroutant. Il est troublé ou il veut la troubler ? Ah Markus !

Sophia imagine comment se présenter le jour où elle le reverra, parce qu'elle est persuadée qu'elle le reverra un jour. Malgré la jeune femme très belle sur ses photos, malgré leur labrador. Sophia voit bien qu'une brèche s'est ouverte. Une existence surchargée de joie, de bonheur, de succès, de plaisir d'une star, et elle Sophia de la province s'y est fait une place.

Markus ne la décourage jamais. Par une petite moue, un clin d'œil, les deux bras qui enlacent, Reste encore un peu, T'as rêvé de qui hier, il entretient la flamme de Sophia. Il nourrit sa petite bête.

Sophia pense déjà acheter un billet pour Berlin. Elle pense à son rendez-vous qu'elle croit imminent avec Markus.

Quelle robe choisir, quelle couleur flattera son teint hâlé, quelle forme épousera sa silhouette. Surtout quelle attitude, quelle humeur, quel ton conviendra à Markus. Un soupçon de fragilité sans tomber dans le pathétique, suffisamment gaie sans donner l'impression d'être heureuse et comblée sans lui, laisser les portes ouvertes pour qu'il puisse entrer, dans le cœur de Sophia, légère, insouciante, sans paraître volage, avec une promesse de densité le moment venu. Comment ne pas l'effrayer, comment lui assurer qu'il est possible de jouer avec Sophia sans crainte, que la clé est facile à manœuvrer. Comment cueillir les mots comme des fleurs, pour lui offrir un bouquet parfait, sans blême, qui ne se fanera jamais.

Markus ne lui répond pas pendant deux jours, trois, quatre, sept jours. Sophia panique de nouveau. Il revient, reprend le dialogue. Ils ne sauraient pas dire de quoi ils parlent exactement. Il n'y a pas de sujet, mais un peu de verbes, et beaucoup de pronoms personnels, d'adjectifs, d'adverbes, de points de suspension.

C'est étrange, quand elle pense à son rendez-vous avec Markus elle ne réussit jamais à imaginer des retrouvailles joyeuses, une scène heureuse. L'attente se transforme en crainte, la crainte en supplice, elle imagine mille et une façons d'être torturée par lui, rejetée, refusée, humiliée par lui. Elle pense aux mots cruels, moqueurs, assassins qu'il prononcerait par malice, elle pense à son regard dur et à son sourire narquois, elle pense à la façon dont il la ridiculisera, peut-être même devant ses amis à lui, peut-être bien au moment même d'être intimes, Markus lui fera comprendre qu'elle n'est rien ni personne pour lui, qu'il n'y a aucune complicité, aucune entente, un rien pourra tout démolir, un souffle de haine venu d'ailleurs, une haleine jalouse fera s'écrouler ce qu'elle a bâti depuis des mois. Sophia écrit dans sa tête des lettres d'adieu, flamboyantes, tragiques, trouve toujours des arguments nouveaux, des élans suicidaires. Sophia s'abreuve de tourments imaginaires infligés par l'homme qu'elle aime, à défaut de son corps, à défaut de ses caresses, de son absence elle trait du poison goutte par goutte et s'envenime, se frotte le visage contre l'oreiller, se frotte contre le drap, empoigne le drap et pleure, s'imagine dans les bras de Markus, écrasée, malmenée par un jeu sadique, puis épuisée, elle cède à sa douceur, à sa tendresse, toujours aussi imaginaires.

Elle se remaquille et se réinstalle devant l'ordinateur du cybercafé.

Les jeunes la considèrent un peu différemment. Si elle échange quotidiennement des messages sur l'internet, c'est qu'elle n'est pas si larguée que ça. Ils maîtrisent le langage d'amour du temps moderne. Personne ne parle tout seul si longtemps, ni en monologue, ni en soliloque.

Ils ignorent que c'est le jour et la nuit dans la tête de Sophia lorsqu'il s'agit de Markus. Elle dompte sa crainte, attend un mot de lui, prête à le rejoindre.

Arrive alors le moment fatidique.

Il ne lui dit pas qu'il est en couple, qu'il aime une autre femme, qu'il est amoureux. Il dit qu'il n'est pas disponible.

Eh ben c'est un commerce ou quoi ? Parti pour les vacances de Noël, la réouverture à telle date. Sophia s'énerve. Markus n'est pas franc. Il ne l'a jamais été.

Sophia ne comprend pas que Markus ménage sa

sensibilité, son ego à elle, qu'il cherche à ne pas la blesser, pas plus qu'il ne le fait en la refusant. Surtout, surtout, Sophia ne sait pas que Markus l'a reconnue depuis longtemps, presque au début de leur échange. Cette obsession, cette façon si féroce de se rendre vulnérable, cette grâce avec laquelle elle se rabaisse devant lui, pour lui, c'est incomparable.

Tu es très belle – ici il hésite un peu à écrire ces mots, mais Sophia ne peut pas le savoir, s'il la trouvait vraiment très belle il aurait tenté le coup bien qu'elle soit lourde –, tu es une fille formidable, t'as beaucoup de talent, tes autoportraits sont superbes – Markus est quasi sûr qu'elle ment en revendiquant ces dessins comme les siens mais il veut éviter une autre source de désaccord, il n'a aucune envie de se chamailler avec elle. Sophia les a présentés comme des autoportraits car elle voulait supprimer la présence de tout autre homme pour rassurer Markus. Oui, c'est peut-être étrange mais c'est ainsi, Sophia jure sa fidélité à l'homme qui, elle le sait, est entouré de femmes, amies, maîtresses. Tu imagines, quel attachement tu aurais, s'il se passait quelque chose entre nous, tu ne pourrais plus te passer de moi ! Mais si, j'y arriverais. Sophia s'attarde sur « s'il se passait quelque chose ». Elle aime « nous », « entre nous ». Ils en sont déjà là. Un dernier effort et elle arrivera à convaincre l'homme. Markus veut fermer le dialogue. Elle est à nouveau au bord des larmes. Alors, la vue brouillée, elle commet l'erreur irréparable :

— Markus. Je suis vraiment très amoureuse de toi.

— Tu me l'as déjà dit.

— Comment ça ?

— À l'Ashram.

Trois points de suspension apparaissent sur l'écran. Ni lui ni elle n'ose reprendre le fil.

— Sophia. Adieu. Prends bien soin de toi.

Avant qu'elle ne puisse réagir, Markus la bloque. Partout. Sur tous les réseaux sociaux.

Elle ignore l'heure qu'il est La nuit elle quitte l'hôtel descend dans la rue Ivre de douleur Elle veut des réponses comme des pansements aux blessures Pense-moi Dépense-toi Dépense un peu de ton temps Elle marmonne Elle a oublié son portable à l'hôtel Ça ne servirait à rien Elle ne connaît pas le numéro Elle cherche un taxiphone Une de ces cabines plantées entre les magasins échoppes voitures garées au bord du trottoir où les néons blancs lui aveuglent les yeux Le mec la dévisage ahuri pense qu'elle a une mauvaise nouvelle à annoncer ou à recevoir Quelqu'un est mort quelque part La pauvre Il faut l'aider Il lui tend un tabouret puis le téléphone Sophia veut l'annuaire les numéros du consulat non pas de la France mais de l'Allemagne Elle trouve Compose un premier numéro L'accueil est fermé Elle cherche un numéro d'urgence Si ce n'est pas une urgence qu'est-ce que c'est Un homme lui répond ensommeillé Il a du mal à comprendre Il s'attendait qu'on s'adresse à lui en allemand Une compatriote en détresse Il ne comprend rien de ce qu'il entend en anglais cabossé Puis entend le nom de Markus Sophia le prononce comme si rien que prononcer son nom pouvait faire disparaître ses maux Comme si raconter à l'inconnu du consulat ses idées nocturnes la ferait guérir Comme en lisant la posologie du médicament on se croit guérir Une averse de mots Aussitôt tombés aussitôt écrasés sur l'asphalte Un sudoku des mots Un puzzle simplifié Le premier mot qu'elle a vu était le mot qu'elle voulait y voir Les mots prononcés entre Sophia et Markus s'écrasent à présent contre le sol comme la pluie d'une mauvaise saison L'homme consulaire ne comprend toujours rien Mais le nom de Markus le réveille net Il sait qu'il est rentré chez lui sain et sauf Dieu merci Que lui veut-elle cette femme au milieu de la nuit Ivre de larmes Une de ses fans Une de ses groupies #balancetatruie Il se laisse glousser puis se reprend Sur un ton sérieux lui profère Mâmoicelle Soapie Comme un soap opera Il ne le dit pas mais le pense À mon avis c'est un malentendu.

Le mot vient lui frapper au visage. Un coup de poing au tympan. Le dernier pour la clouer au sol du ring. Le match est à Markus, absent et vainqueur. Sophia est à terre mais enfin réveillée.

Une douleur aiguë à la poitrine la réveille le lendemain à l'aube. Comme si son cœur avait tenté d'échapper d'un bond à la cage thoracique. Maintenant accroché, saignant, à la clôture d'os.

Sous les yeux encore scellés par le sommeil, elle voit surgir un mot en rouge : *supprimer*. Supprimer comme on supprime un contact de son téléphone portable. Supprimer pour dire Adieu. Supprimer comme on assassine un homme.

Ni le deuil, ni le chagrin, elle est affolée à présent par la honte. Comment noyer ses rêves ? Où les enterrer ? Ils reviennent sans cesse à la surface. Comment montrer à nouveau ce visage souillé ? Risée de tous. Moquée de toutes. Cela ne lui fait plus mal de reconnaître que Markus ne l'aime pas, ne l'a jamais aimée, et ne l'aimera jamais. Le fait qu'il ait aimé toutes les autres, tant d'autres, qu'il ait désiré toutes sauf elle la terrifie. Les caresses, les baisers, la baise avec tant d'hommes n'ont plus aucune valeur, ne lui laissent aucune trace, ni sur la peau, ni dans la chair, nulle part. Ce qui est absent, ce qui n'a jamais eu lieu et n'aura jamais lieu l'entaille, l'ouvre droit comme un cadavre sur la table d'autopsie. Cette emprise du Rien la terrorise.

Sophia se frotte le visage contre l'oreiller. Il est de trop, elle le repousse, fait un mouvement en demi-lune et s'enfonce le visage contre le drap, le toucher rêche lui irrite la peau. Elle comprend qu'une tâche surhumaine l'attend. Markus n'a pas brisé mais a creusé dans son cœur un vide qui ne sera plus jamais rempli.

Qu'est-ce qu'elle disait ? *Un cœur sans emploi, depuis trop longtemps* ? Voilà qu'il est en surmenage, épuisé, déglingué, à terre après une tentative de fugue.

Avec l'étrange sentiment d'avoir perdu le contrôle de ce qui lui appartenait, de ce qui la constituait la veille, elle essaie de se relever. Dans la pénombre lorsqu'elle attrape la tête de lit, ressent le sol frais sous les pieds, et s'appuie ensuite sur la table, l'absence de tout autre humain dans la chambre la saisit alors comme de la moisissure âcre. Sur la vaisselle sale empilée elle croit apercevoir des cafards. Effrayés par le bruit de ses pas ils s'enfuient dans une fissure qui dessine un L majuscule du sol au mur. Les toiles d'araignée pendouillent du plafond. Ces bestioles-là n'ont pas peur d'elle. Par pure provocation, une ou deux descendent droit jusqu'à son visage, s'équilibrent sur leurs fils de soie baveuse. En une nuit la ruche au miel s'est tarabiscotée en une hutte de sorcière en fin de carrière.

Ses nuits se moquent d'elle tant ses jours la trahissent. Cette chambre d'hôtel en est la preuve. Chaque mur est une gifle. Les portes et les fenêtres. Le sol, le plafond, les meubles et les rideaux. Preuves de son échec.

Pour la première fois Sophia ne pleure pas. Tout est à sec, rien ne coule plus en elle, ni le sang, ni les larmes. Elle va pisser. Elle pisse jaune, doré foncé, pendant longtemps. Voilà ce qui sort d'elle. Le résidu de l'amour, le déchet craché par son corps.

Ses jambes vacillent, elle a froid aux mains, aux pieds, elle se sent si affaiblie qu'elle rampe jusqu'au lit, sous la couverture, entre les draps froissés, souillés.

Maintenant, commencer par la fin. Les mots d'amour prononcés, imaginés, fantasmés. C'est le plus facile. Comme des lettres secrètes écrites au jus de citron. Au lieu de les relire il suffit de les plonger dans l'eau et tout s'en va. Lettres, mots, phrases, promesses. Mais plus elle efface plus les mots s'accrochent, tenaces, indélébiles. Si l'on ôte à l'Autre le désir, le rêve, les fantasmes, que lui reste-t-il ? Sa peau, sa chair, ses os. Un corps à jeter dans la fosse commune des vivants devenus anonymes. C'est mon regard qui t'animait. Ce sont mes mots qui t'habillaient. Sans mes caresses rêvées tu n'es plus rien ni personne pour moi. Sophia parle et Sophia ne pleure plus. Tu es devenu quelqu'un d'autre depuis que tu as cessé d'exister pour moi et cet Autre m'est si étranger qu'il m'effraie, me frigorifie et me mortifie. Ce que tu as été pour moi est fait de miettes, de fragments d'instants, de poussières de rien. Je pourrais t'avoir si j'acceptais de ne pas t'aimer. Te posséder sans ton âme, un corps seulement. Je ne suis pas nécrophile. Tu ne devrais pas l'être toi non plus.

En une nuit la grande vague s'est retirée, l'a délaissée comme une côte abîmée. C'était comme si cela n'avait jamais existé. Ce n'était qu'un malentendu. Un seul mot et tout est effacé. Qui l'a prononcé? Lui? Elle? Les Safrans, Verts, Blancs? Les autres de toutes les couleurs? Dans son rêve ou en réalité? Dans ce mot il y a le mal. Ce qu'on afflige à l'autre. Ce qu'on afflige à soi-même. Ce qu'on fait de mauvais, de faux, d'inutile. Dans ce mot il y a le déni. Il y a le bannissement de toute possibilité.

Il était une fois où elle se réveillait portée par les mots qui naissaient dans son corps, comme une barque flotte et ondule bercée par les vagues. Du sommeil elle revenait à la vie par le ressac des mots, flottait à la surface du matin. Elle ressentait la volupté du geste, spontané, incontrôlable, en était reconnaissante. Désormais plus rien. Le jeûne qu'elle doit s'imposer. Le régime qu'elle doit suivre. S'abreuver uniquement des mots utiles, pratiques, maintenir un état d'âme rachitique, ne pas céder à la tentation des mots succulents, gourmands, se dire que cela pourrait devenir toxique.

Sophia pense à ses compagnes de route, aux belles naïades. Celles qui savent nager, qui savent éviter la noyade. Seraient-elles rassurées de la voir ainsi dans cet état d'épave? Se moqueraient-elles encore d'elle, du vilain petit canard? Celles qui sont fières de leur jugement car fières de leurs corps. Quelques-unes la consoleraient. Lui diraient qu'elle est belle, qu'elle est magnifique, lui montreraient des hommes, beaux, charmants, lui demanderaient N'est-ce pas qu'il est beau? N'est-ce pas qu'ils valent la peine?

Dans le silence de sa chambre les bruits de l'extérieur s'immiscent, s'amplifient, accaparent le terrain vide. Les mixeurs broient l'air, les cocottes-minute sifflent, débordent, râlent, les ventilateurs et les climatiseurs rament, font monter et descendre des sons métalliques, rouillés. Et les chasses d'eau déclenchées automatiquement viennent marquer l'heure.

Sophia se lève d'un bond. Nettoie çà et là. Range, trie, jette. Il n'y a pas de sacs-poubelle. Elle ramasse les déchets dans des vieux journaux.

Le désamour est sous-estimé. Il surgit en creux, en miroir inversé, aux jours concaves, impossible de retrouver le juste milieu. Il a son propre langage, physique et oral. Aussi riche, complexe, intrigant, excitant que celui d'amour. Il a ses assauts, ses décharges. Emportée par une énergie inconnue, Sophia s'affaire. Le désamour exige une organisation, une discipline. Curer le corps, astiquer le visage, le faire luire, ce qui en reste de peau encore vivace. Chaque geste demande un effort considérable qui à son tour procure de la satisfaction. Chaque échange avec les gens doit être carré, taillé, de ne rien laisser déborder. Un mot peut la trahir. Un sourire peut la démasquer. Des larmes à ne pas laisser couler. Maintenir un équilibre parfait, rester digne, la tête haute. C'est ce qui lui convient, ce rôle de l'héroïne malheureuse, de la *tragedy queen*. La désamoureuse est une ascète, orgueilleuse d'être dépouillée, d'être ramenée à elle-même et de ne rien attendre.

*

Sophia sort de l'hôtel. Elle ne sait pas encore où elle va. Ni pourquoi. Son jour est léger. L'air cristallin. La défaite sentimentale l'a rendue humble. Elle n'a rien gardé pour elle, tout est désormais pour les autres. De l'apitoiement à la pitié il y a quelques ruelles, des marches, un carrefour bordélique et des mots de trop, des mots dans une langue étrangère, à strier le matin autour d'elle. Elle regarde les gens qu'elle connaît et les gens qu'elle ne connaît pas. Elle pense aux autres pour oublier de penser un instant à elle-même. Elle veut porter les sacs de provisions de la vieille, aider les vieux à traverser la rue, ramasser les légumes éparpillés par terre et les rendre aux maraîchers, courir entre les voitures avec les verres de thé chaud bouillant. Sophia veut sauver les chatons abandonnés, les chiens borgnes et boiteux, elle n'a même pas peur des vaches immobiles au milieu de la rue, flancs creux, ventre gonflé et cornes longues, pointues, menaçantes.

Elle fera sa pénitence ici, parmi les inconnus, miséreux et d'autres pas tant que ça.

La foule ondule autour d'elle, la berce et la bouscule. Elle s'adonne au rythme. Elle ne saurait dire combien d'hommes l'ont heurtée par accident et combien délibérément. Sophia avance libérée d'elle-même, allégée, à vrai dire de façon un peu inquiétante, tellement absente.

L'homme l'a remarquée de l'autre côté du trottoir. Il avance droit, puis brusquement bifurque, traverse la rue en diagonale et se précipite vers Sophia. C'est ce mouvement coupé en Z qui l'alerte. Elle recule, d'instinct craignant une embuscade bien dégueulasse. Il la dévisage, insiste pour qu'elle soit obligée de le regarder à son tour, mais Sophia maîtrise désormais les règles de la jungle, elle détourne la tête, l'homme avance à pas pressés, arrivé à son niveau il s'arrête net, Sophia se demande si elle doit avoir peur ou non, l'homme attrape le large bec de la poubelle noire posée au bord du trottoir, l'ouvre grand et le claque violemment, puis s'en va, satisfait de son acte. Chacun son langage. À défaut de mots, à défaut de parole juste et appropriée, ces hommes peuvent descendre dans les ordures, dans les caniveaux et en extraire un message destiné à la femme. Ils crachent, pissent, chient sur le paillasson de leur ennemi, il leur faut une sécrétion corporelle, scatologique, si ce n'est séminale. La démonstration était si flagrante que Sophia se dit que si elle relatait l'incident à ses amies elles le prendraient pour une mise en scène fictive.

Sophia ne dit rien. Ne réagit pas. Elle a un respect nouveau pour ces hommes, harceleurs, ratés, rancuniers. La honte qu'ils essuient. L'échec tatoué au front. Et ils avancent. Et ils recommencent. Sur le même trottoir. Dans la même rue. Durant la même journée. Cela demande un courage fou. Une volonté aveugle. Sophia se rangera parmi les crevards. Elle sifflera elle aussi. Mettra sa main aux fesses. Se frottera contre les hommes dans les bus et dans les trains. Elle éclate de rire. Pour la première fois depuis des mois.

*

S le serpent O la bouche avale les consonnes et les voyelles de PHIA la Fille ou la Fièvre PHI A de la fièvre Se noyer au fond de soi pour qu'il ne reste plus rien Plus de lettres Plus de mots Plus de phrases Plus de lettres Plus d'amour Que ça cesse de tourner en rond Dépourvus des cinq sens Dépourvu de sens Devenir une page blanche Ne lire que des pages blanches Entendre les pétales de lys se détacher tomber toute la journée et toute la soirée Bercée par les grosses vagues de fièvre Noyée sous les grosses vagues de fièvre C'est la seule parole C'est la seule présence Celle des fleurs qui meurent et qui continuent à faire du bruit jusqu'à leur dernier pétale.

Après deux jours de fièvre, Sophia est soudain paniquée. Elle ressent une fatigue inédite, comme un puits qui se creuse au fond d'elle et l'aspire. Aucune raison apparente qu'elle ait attrapé la crève, ni une méchante pluie, ni une épidémie de grippe dans les parages, ni glaçons avalés qui auraient pu irriter ses amygdales.

Elle supplie le manager de l'hôtel et réussit à emprunter son ordinateur. Calfeutrée dans le lit sous la couverture elle fouille sur l'internet, comme enfant elle lisait des livres interdits sous la couette, à la lumière d'une lampe torche.

On y trouve beaucoup d'informations, d'adresses et de coordonnées d'hôpitaux et de cliniques privées, les numéros d'urgence, d'aide et de soutien. Quelqu'un est là nuit et jour pour écouter les patients avérés et les futurs souffrants, les craintifs, les fautifs, les coupables. Rongés de culpabilité, affolés de peur, de honte, souvent les femmes, les hommes aussi, le sollicitent. Les sites regorgent de détails censés rassurer : causes, symptômes, phase asymptomatique, traitement limité, prévention, historique, contribution des chercheurs scientifiques, cartographie planétaire, zones à risque... Le sida – la maladie toujours mortelle, la première cause de mortalité chez les femmes, oui, en âge de procréer, s'il fallait encore le préciser, après quoi tous les corps dégringolent plus ou moins pour les mêmes raisons.

Le lendemain Sophia a une colique intestinale. Un miracle déjà qu'elle ait pu y échapper jusque-là. Un séjour dans ce pays, dans des conditions telles qu'elle les a connues, n'épargne pas un lavage d'estomac involontaire et intensif. La voilà vidée de toute substance, solide et liquide, jusqu'à ce que son ventre n'offre même plus de sécrétion blanchâtre mais que des spasmes aigus réguliers.

Sophia choisit un hôpital suffisamment éloigné de l'hôtel mais où elle pourrait se rendre à pied. Elle n'a jamais pris de transports en commun toute seule ici.

Sam ! Il est où Sam ? Il est vivant c'est sûr. Un adolescent, un pauvre comme lui, un invisible, qui voudrait le supprimer ? On lui ferait un peu mal, oui, des gifles, des coups de poing, des coups de pied, des insultes franchement aberrantes... Mais il survivrait. Qui sait, peut-être même grâce aux miettes jetées par ses persécuteurs. N'est-ce pas ainsi qu'il survivait dans le périmètre de l'Ashram ? Sophia est tantôt soulagée, tantôt triste. Un seul téléphone portable pour deux. Non mais quelle idée stupide ! Sam ne pense même pas à elle. Sinon il aurait essayé de la recontacter, de la rejoindre. Elle essaie de se rappeler son visage, son corps. Le feuillage jeune, la tige fraîche qu'elle avait caressés. Si près d'elle et pourtant si éloigné. Comme s'il avait un visage derrière son visage, une peau derrière la peau, et elle n'a jamais pu y toucher. Comme un songe au petit matin, comme une ombre discrète, il a disparu. Maintenant qu'elle reconnaît tant de visages semblables, le même calque, innombrables, elle est à la fois attendrie et déstabilisée. Comme s'ils n'avaient rien d'unique, substituables, remplaçables, une armée d'amoureux adolescents.

Jeune fille, une fois elle avait ramassé un chien.

Deux jours avant Noël, elle était sortie à l'heure du dîner sous la pluie, pour acheter du pain. Sophia n'achetait pratiquement jamais de pain, c'est sa mère qui s'en occupait, en râlant indulgemment. Ce soir-là, sous la pluie, dans le froid, Sophia avait eu une envie irrépressible d'aller acheter du pain. Devant la boulangerie, le chien était assis, tout trempé. Un croisé, couleur miel, à peine adulte. Il lui a aussitôt « souri », elle n'aurait pas d'autres mots pour décrire son expression et son enthousiasme. Elle demande au boulanger s'il est à lui. Il lui répond que non, qu'il est là depuis un moment, très probablement enfui et perdu. Elle lui demande de la suivre, ce qu'il fait, il vient chez elle, elle lui trouve des linges pour dormir, il se plaint, elle le laisse venir près de son lit, il se plaint toujours, elle l'invite dans son lit, il reste deux minutes sur la couette, il recommence à gémir, il entre alors sous sa couette, il dort contre elle comme un bébé.

Pendant quelques années il est resté attaché à elle comme au premier jour. Puis il en a eu assez. Il a fugué.

Sophia s'est fait un sang d'encre, a espéré durant des semaines et des mois le retrouver, a collé des affiches, a interrogé des voisins inconnus des quartiers éloignés, puis a fini par accepter qu'il soit parti comme il était venu. Probablement réfugié chez quelqu'un d'autre, un homme ou une femme solitaire, ou dans une famille nombreuse.

Lorsqu'elle ne pensait plus à lui, quand le chagrin a laissé place au sourire nostalgique, elle l'a revu. Sur une autoroute à la sortie de la ville, de l'autre côté c'est lui qui s'est soudain figé et c'est ainsi qu'elle a reconnu sa silhouette. Il l'a regardée droit dans les yeux, pendant de longues secondes. Ce n'était pas le regard d'un animal mais d'un être conscient du deuil, de la séparation, de l'abandon. Figée elle aussi, Sophia tanguait, se demandait à quel instant elle devrait traverser la route, vide, et aller le prendre dans ses bras. Personne n'a bougé, ni elle, ni lui. Puis brusquement il a tourné la tête, a couru vers les champs et a disparu.

Sophia rend l'ordinateur au manager. Son téléphone n'a pas de GPS, il n'a rien que des fonctions élémentaires, appels et SMS, elle devra compter sur les gens de la rue pour être guidée.

Derrière le bazar, une grande avenue va droit vers la gare. De ses deux côtés sont dressés les immeubles flambant neufs, résidences aux étages supérieurs, commerces au rez-de-chaussée. Un quartier plus aisé, plus calme. Les casse-croûte-pâtisseries-sucreries traditionnels préservés dans les vitrines climatisées, ainsi que la nourriture du monde. Sophia entre dans un de ces fast-foods, s'offre un frappuccino et demande la direction de l'hôpital. Cela ne lui servirait à rien de connaître intégralement sa feuille de route puisque au bout du deuxième tournant elle oublierait la suite. Donc elle s'arrête à chaque rond-point et à chaque carrefour, chez le dernier commerçant elle achète un briquet Hello Kitty et ainsi, enfin, arrive à l'hôpital.

Le centre destiné au dépistage se trouve dans une aile annexe, aux murs ponctués d'affiches, aux couloirs quasi déserts. Dans la salle d'attente deux ou trois hommes seuls et taiseux, trois femmes visiblement prostituées accompagnées d'une activiste sociale… Ça ne sent pas l'hôpital mais un parfum féminin, du patchouli peut-être. Sophia prend un ticket au distributeur automatique qui tire sa langue dès qu'on le touche. Il y a des journaux, magazines, quelques-uns en anglais, sur deux tables basses, mais Sophia reste immobile, enfin consciente de la situation et très effrayée.

Le silence est soudain brisé par les sanglots d'une femme qui sort d'une pièce en face, une élégante quinquagénaire dont le sari et les bijoux confirment la classe sociale bien confortable. Deux aides-soignantes la tiennent par les bras, la consolent en murmurant, reprochent aussi quelqu'un d'absent. *Husband. Husband* – Sophia croit entendre. Les trois femmes secouent la tête en signe de désespoir, maudissent l'homme responsable de la catastrophe infligée à son épouse.

Sophia sent que ses genoux tremblent. Elle a envie de se lever et de s'en aller. Au diable le diable ! Peu importe si elle est malade. Elle va mourir quand elle va mourir. Mais les secondes passent et elle reste.

Le dépistage a lieu sans incident. Dans un état second, elle suit les consignes, tend le bras, sourit par politesse à l'infirmière qui lui dit de ne pas avoir peur, qu'elle sait que Sophia est une fille bien, qu'elle n'a très probablement rien à craindre.

Pressant le coton sur le point de piqûre, Sophia descend dans la rue. Elle ne demande plus à personne le chemin. Elle se trompe de direction, se perd à plusieurs reprises, mais elle continue.

Les soixante-douze heures suivantes sont congestionnées. Elle n'a plus de notion du temps. Elle dort le jour, s'agite la nuit, fait les cent pas dans sa chambre d'hôtel, mange et vomit, elle n'a plus de fièvre, ni de colique, tiens ! L'alarme déclenchée, à Sophia de réagir. Elle a l'air si sinistre que même le manager, habituellement si plein d'entrain, l'évite. Mais l'homme, qui en a vu tant, ne l'importune pas, respecte son désarroi.

Le jour du résultat Sophia se fait belle. Cheveux lavés, boucles dorées en cascade sur le front et les épaules ; yeux charbonneux, bouche rouge coquelicot. Elle se glisse dans sa robe préférée, l'unique qu'elle possède en ce moment, achetée avec l'argent de sa séance photo. Après avoir porté depuis des mois les habits amples qui dissimulaient ses formes, la voilà redessinée, au fusain noir. Le parfum printanier pour la touche finale et elle est prête. Sur le chemin elle s'arrête soudain, sans réfléchir, et achète des fleurs. Des roses jaunes. Un bouquet voluptueux. Elle se dit que si c'est une bonne nouvelle, ce sera pour la bonne nouvelle. Et si c'est une mauvaise nouvelle ce sera en préambule de sa tombe future. Mais plus elle marche avec les fleurs enlacées, contre son cœur, et les gens la regardent amusés, croyant qu'elle va à une fête, à une cérémonie joyeuse, plus elle sent, confiante, que la nouvelle sera bonne, que même si elle est mauvaise, elle saura la surmonter. Sophia va vers elle-même, vers sa vérité qui l'attend.

Dans la salle d'attente les couples se tiennent par la main, les solitaires font semblant de lire les journaux, se mordent les lèvres, essuient la sueur sur leur front. Personne n'ose briser le silence, comme par une entente tacite, presque révérencieuse, tous sont conscients que cela a demandé sans doute un courage fou pour arriver jusqu'ici, pour s'avouer qu'ils peuvent non seulement mourir mais peuvent mourir couverts de honte. Ce n'est pas la mort, ni la souffrance précédant la mort, mais la notion de la disgrâce qui les rend à la fois humbles et respectueux les uns envers les autres. Contrairement aux centres médicaux ordinaires ils ne bavardent pas, ne montrent aucune curiosité déplacée. La seule exception est un *triplet* formé d'un jeune homme et deux jeunes femmes, probablement camarades de classe, décidés à se donner en spectacle, fiers de leur exploit, mais vite calmés eux aussi vu l'ambiance.

Lorsqu'une des responsables du centre vient l'interpeller, la salle est pétrifiée. Les autres la regardent effarés, certains pleins de compassion, d'inquiétude. Sophia ne comprend rien de ces sollicitudes silencieuses. Les autres savent que les cas de sida déterminés sont pris en charge séparément dans une pièce isolée, pour être préparés psychologiquement d'abord, avant de commencer la thérapie, tandis que ceux et celles qui passent entre les mailles du filet sont directement appelés à l'accueil interne pour récupérer leur certificat. Ils regardent Sophia qui regarde ses fleurs et avance sans crainte vers la dame en blouse blanche. Elle lui sourit car il n'y a aucune raison de ne pas sourire à une aide-soignante qui vous accueille.

Sophia est interrogée sur ses pratiques sexuelles, sur le nombre de partenaires, sur le type de protection utilisée, ou non. Elle ne saurait pas dire pourquoi mais la dame ne lui demande pas si elle a été victime d'abus, de viol. Il allait de soi que ce qui lui advenait lui advenait de son plein gré. Elle en était la seule et unique responsable.

Plus tard elle comprendrait qu'elle avait eu droit à ce traitement spécial aussi parce que, étrangère, elle était jugée comme un élément intrusif, suspect et donc menaçant sur ce territoire. Elle représentait les débauches exotiques, les mœurs dépravées, les risques inconnus.

La dame se tait un instant et pose ses mains sur la table. Sophia les observe, larges, noires, aux ongles coupés court carré, une alliance sertie de pierre blanche à l'annulaire gauche. Elle fixe du regard la bague de bonheur, l'éclair d'or qui illumine la présence sombre et corpulente de la femme qu'elle ne connaît que depuis quelques minutes. La dame se racle la gorge pour attirer son attention sur l'essentiel, sur ce qui devrait la concerner.

Non, Sophia n'est pas malade. Depuis peu le centre

met en garde certains examinés considérés comme cas à risque. Pas encore déterminé, mais repéré. Il est temps qu'elle songe à changer son mode de vie.

Sophia n'écoute plus le reste. Elle ne va pas mourir. Ni aujourd'hui, ni demain, ni même dans quelques mois. Elle est à court de mots pour remercier son ange du jour. Elle en sort l'air victorieuse, sourire radieux aux lèvres, les roses jaunes serrées contre elle. Ses compagnons de route de la salle d'attente sursautent presque, en la voyant si joyeuse, l'observent avec un soulagement attendri. Elle n'attend pas une ovation ni ne cherche à leur faire un salut de princesse, mais c'est tout comme, elle leur souhaite bonne chance avec un hochement de tête, à tous ceux et à toutes celles qui ont péché par passion, par luxure, par gourmandise ; qui ont fauté par bonheur, par excès et fauté dans la misère, parce qu'ils avaient trop de choix et parce qu'ils n'avaient pas le choix. À tous et à toutes Sophia sourit, et sort de l'hôpital, guillerette. Elle pense que c'est le meilleur bouquet qu'elle pourrait recevoir. Ce sont des fleurs ni d'amour, ni d'amitié, mais de sa maigre existence, de son geste de survie, elle est allée les chercher dans les profondeurs sinueuses de cette ville, étrangère et étourdissante. C'est le plus beau cadeau que la vie pouvait lui offrir.

La jeune femme à l'accueil de Body & Soul peine à utiliser l'ordinateur. C'est un Mac. Elle a suivi sa formation sur un PC. Elle garde son calme, sourit pour rassurer Sophia et se débrouille finalement pour l'inscrire à une séance de massage spécial Body & Soul.

Une bonne nouvelle n'arrive jamais seule, semble-t-il. Deux jours après le résultat de son test, Sophia a reçu un mail de son agence immobilière. Un client potentiel pour sa bijouterie. Le marché est au profit des vendeurs. L'agence tâtait le terrain et a obtenu une proposition fort intéressante. En attendant l'aubaine, Sophia a fait transférer la totalité de la somme d'argent de son livret A à son compte courant, décidée à profiter de chaque instant de son séjour tropical.

Elle s'est offert un téléphone portable bien malin, a téléchargé ses chansons préférées, et a regardé des vidéos drôles, attendrissantes sur les chats et les chiens.

Le pouvoir bienfaisant des chanteuses de pop est sous-estimé. Philosophes, romanciers, poètes, essayistes, coachs et psys : aucun d'eux ne peut fournir un discours, ni intégral ni fragmenté, qui puisse rivaliser avec la puissance des voix, l'arrangement musical, le rythme déchaîné et les paroles simples comme des chaussettes qui, non seulement conviennent à toutes les circonstances amoureuses et surtout à celles du chagrin, mais les transforment en une énergie vitale régénératrice. Elles vous arrachent de votre canapé et de votre lit, vous mettent debout sur le sol, devant votre miroir ou devant votre fenêtre, ouvrent vos cordes vocales et remuent votre bassin et vous font danser à tue-tête et chanter en pyjama, sens dessus dessous. Des lamentations elles vous entraînent vers la jubilation, sourde et niaise. Dans les moments désespérants où Brel, Piaf, Véronique Sanson sont formellement déconseillés. D'ailleurs il faudrait mettre une étiquette sur leurs albums : L'abus de telle chanson est dangereux pour la santé. En cas de dépendance, composez le numéro de secours. Sophia écoute en boucle Kylie Minogue. Cette femme mérite le prix Nobel de la paix. Ni Cher, ni Gloria Gaynor, trop directes, trop revendicatrices. Non, Kylie Minogue sait dire combien il est impossible pour l'amoureuse d'oublier le garçon et la faire danser la danse de la vamp. Kylie Minogue a sauvé combien de vies ? Empêché combien de fémisuicides ? *Set me free. Stay for ever and ever and ever...* Bon là il y a un message contradictoire. La bonne femme quoi ! N'empêche, quelle force !

À l'entrée de la cabine de massage, elle est invitée à éteindre son téléphone. Les murs de la pièce sont recouverts de bambous artificiels, une fontaine invisible roucoule quelque part, l'encens est discret, d'un parfum boisé, industriel et maîtrisé. Sophia se déshabille devant le matelas simple posé à même le sol, s'y allonge sur le ventre et se couvre les fesses avec la serviette offerte.

Un jeune homme tout de blanc vêtu entre dans la pièce. Tiens donc ! Être massée par un homme. Est-ce que cela a été précisé ? Oui ou non, elle ne peut plus reculer. Sophia fait confiance à la pudeur légendaire de ce peuple, soupire et se confie aux mains de l'inconnu.

L'homme la salue rapidement, se sert de l'huile qui sent un mélange d'encens, de bambous et elle ne sait pas encore de quoi mais agréable.

Il commence par sa tête, appuyant sur chaque côté comme si deux cornes allaient y pousser et qu'il était déterminé à les en empêcher. Très vite Sophia à l'impression d'avoir un crâne de bébé, un œuf mollet qui bougerait sous la pression douce et dure des mains du masseur. Ses yeux se ferment. Front, tempes, paupières, nez, joue et menton : son visage est remodelé, rehaussé. Le bonheur commence à chaque pore de sa peau. Elle soupire, sourit presque, se détend. Au rythme du mouvement des mains charnues, huilées qui montent et descendent du haut en bas de son corps, appuient ici, effleurent là, elle entre dans un état de semi-veille, oscillant entre l'appel du sommeil et les petits picotements du plaisir. Le corps de Sophia est redessiné, du crâne au dos, des épaules aux doigts, de la nuque au début des fesses, des cuisses aux orteils, et en revenant autour de son nombril, elle redécouvre et reconnaît sa silhouette, sa chair sous les mains d'un professionnel qui lui ne fait qu'appliquer son savoir, suivre son intuition, un peu aussi son envie. Pores dilatés, duvet aplati ici, hérissé là, muscles fondus et peau en feu, Sophia comprend soudain les hommes qui sous les mains des masseuses veulent toujours un peu plus. C'est une question de finition. Comme pour ne pas manquer le dessert. Les parties de son corps que le masseur ne touche pas, contourne délicatement, se réveillent au fur à mesure. Plus il les évite, plus elle en est consciente. Une tension érotique s'installe, qui consiste à dénier l'évidence. Le jeu devient sérieux. Chaque seconde défie chaque centimètre de sa peau. Chaque mouvement des doigts teste sa résistance. Jauge son désir. Essaie de deviner la ligne fébrile entre sa dignité et son sens de l'opportunité. Qu'est-ce qui les empêche ? Lui ne franchit pas la limite, non pas par un quelconque devoir professionnel, mais par peur d'être licencié en cas de non-consentement. Elle se demande si la transaction sera considérée comme commerciale malgré le facteur de désir réciproque, et si oui, est-ce qu'il est plus humiliant pour une femme de faire appel au service sexuel tarifé qu'un homme ? Pute ou cliente, la stigmatisation serait-elle toujours du côté des femmes ?

La séance se termine sans drame. Par un cunnilingus doux, presque timide, comme si l'homme avait pris conscience de sa limite, de sa position de serviteur. Il le finit bien, respectueusement, et hoche la tête pour lui indiquer la fin.

Juste un peu de plaisir, pas de jouissance, la tension dissipée. Quasiment ennuyée vers la fin, et pressée de partir, Sophia le remercie et va chercher ses habits.

Quelque chose est cassé. Sophia regarde autour d'elle et trouve le décor ridicule, kitch. L'homme a l'air accroupi de honte. Parce qu'il a travaillé pour elle et non l'inverse ? Parce qu'il n'a fait que travailler et n'a pas pu profiter à son tour ? Parce qu'elle est blanche et lui non ? Mais selon une logique tordue de l'histoire il devrait trouver cela plutôt cohérent, non ? Alors peut-être qu'il ne fallait pas passer à l'acte, peut-être qu'il fallait laisser les non-dits et le silence œuvrer, savourer le désir muet ? Sophia est presque triste, elle a l'impression d'avoir abusé. Elle ne ressent plus aucun plaisir entre les jambes. Tout ça pour si peu, ou pour rien !

À l'accueil la femme lui rend un sourire complice. *Did you enjoy ?*

Sophia ne comprend pas si elle sous-entend le service supplémentaire. Elle répond vaguement et se sent soulagée d'avancer vers la sortie.

Au portail vient un autre homme, qui se présente comme un des gérants du centre, l'accompagne jusqu'au hall, et lui demande *Did you enjoy ?*.

Sophia comprend que c'est le mot-clé, le nouveau mantra de cette génération ici, friquée ou près du fric, bourdonnant et bossant autour des ruches. *Enjoy ! End joy ? N Joy*. La joie à la dimension infinie. Jouir à ne pas finir.

Please come back. Quand vous voulez ! *Here's my card.* L'homme lui tend sa carte de visite.

Ce n'est tout de même pas lui qui se mettra à genoux devant elle la prochaine fois ? Il est trop bien placé dans le système pyramidal pour cela. Sophia finit par rire. L'homme le prend pour un signe de bon augure et la salue chaleureusement.

Sur le chemin du retour Sophia s'égare quelques fois, n'y prête pas attention, contemple les vitrines, se demande lesquelles des boutiques pourraient contenir des merveilles exotiques inédites. Le trafic est plus dense que d'habitude, au grand carrefour elle se trouve au milieu d'une marée humaine qui du trottoir à la rue déborde, vacille sans direction précise, aimantée par des forces invisibles. Elle essaie de comprendre la raison de tant d'agitation.

*

Entre dix heures et dix heures quarante-cinq du matin, du lundi au vendredi, à chaque carrefour et à chaque arrêt de bus, les garçons s'installent, appuyés sur leurs vélos, adossés aux réverbères, bras dessus bras dessous. Ils vérifient chaque minute, patientent, échangent des regards complices et guettent la route. La parade va bientôt commencer. Le catwalk quotidien. Des habitations denses, des ruelles et des impasses sinueuses sortiront leurs mannequins, des groupes disparates formeront un défilé saccadé tout au long de la matinée. Les lycéennes en uniforme d'école, en jupe bleue ou orange ou rouge, en chemisier blanc, cheveux détachés, attachés, belles, très belles, jolies, charmantes, pas tellement, peu importe, les adolescentes se déverseront sur la route, inonderont la matinée. C'est une ruée d'or, leur mouvement est une cérémonie, la fête nationale qui recommence chaque jour de la semaine et à laquelle assistent les garçons du quartier, la plupart fâchés avec l'école, depuis peu ou depuis toujours, des chômeurs, vagabonds, intermittents de sales et petits boulots.

Les filles avancent et les cadavres tombent – adage parascolaire.

Ils ne font pas que se rincer les yeux, ce plaisir-là est collectif, amical – ils s'avisent, sifflent, commentent, pratiquent la solidarité juvénile masculine jusqu'à ce que les affaires deviennent sérieuses. Lorsque d'amateurs ils se transforment en entrepreneurs, s'aventurent dans des projets amoureux ambitieux. Chacun trouve son objet de désir même si aucune règle de la permutation/combinaison n'est mise en œuvre. Rarement leurs choix se chevauchent. Inconsciemment se distribuent-ils les graals individuels ? D'un quartier à l'autre ils maintiennent un certain ordre, un peu comme les chiens errants, ils respectent les frontières et ne les dépassent qu'à la réception d'un signe très explicite de la fille convoitée. Alors ils persistent et signent leurs lettres d'amour, pédalent vite sur leurs vélos et accompagnent leurs amoureuses jusqu'à la porte de la prison, le lycée. Mais dans quatre-vingt-dix-neuf pour cent des cas – sondage officieux du milieu – ils se prennent des râteaux. Certains en deviennent fous furieux, jusqu'à grimper sur les murs de l'établissement scolaire, suivre la jeune fille en dehors des horaires scolaires, donc en solo, parfois accompagnés d'un camarade compatissant. Persévérance apporte parfois victoire. Après plusieurs mois de travail acharné, ils obtiennent un sourire, un regard adouci, un oui pudique et orgueilleux. Les nouveaux couples se forment. Leurs histoires appartiennent aux après-midi, aux soirées tardives, aux salles de cinéma obscures. Mais les matins recommencent encore et toujours avec les mêmes défilés qui ne se démodent jamais, avec la même énergie renouvelée, surprenante, rafraîchissante, les adolescentes comme des îlots verdoyants, mouvants sur la coulée d'asphalte, attirent les marins de la terre, les enchantent, envoûtent, donnent un sens à leur jour.

Sam se trouve là, avec ses nouveaux copains, quand il aperçoit Sophia sur le trottoir d'en face. La joie secoue-t-elle son corps ? De petits séismes de plaisir traversent-ils sa peau ? Sans qu'il prononce un mot, ses camarades le regardent amusés, jettent des regards avisés sur la femme blanche, blonde, une touriste un peu défraîchie, une vue agréable certes, mais rien d'extraordinaire dans cette ville au bord du Fleuve sacré. Ils veulent dédramatiser l'impact, ils veulent montrer que ça ne leur fait ni chaud ni froid.

— Mais tu aimes les vieilles, toi ?

Sam baisse la tête. Il ne sait pas dire ce qu'il ressent. S'il le pouvait il dirait que ce n'est pas qu'il aime les vieilles, enfin les femmes plus vieilles que lui, mais qu'il veut empêcher Sophia de vieillir. Il faut l'empêcher, c'est tout, même s'il ne sait pas de quoi. Il veut la retenir. Il ne sait pas de quoi exactement mais il a l'impression qu'il faudrait protéger Sophia de quelque chose, d'elle-même peut-être. Comme quelqu'un penché au bord d'une falaise, trop près d'un torrent, fasciné par l'abîme. Maintenant qu'il la revoit, il n'a aucune envie de la suivre, nulle part. Au contraire, il faudrait qu'elle s'immobilise. Elle ressemble à une voiture en feu, crachant de la fumée noire, obstinée à s'enfoncer droit devant, question de secondes avant qu'elle n'explose. Sam ne sait pas dire mais s'il pouvait il dirait. Il est jaloux des années que Sophia a vécues sans lui, avant lui. Si elle voulait bien les lui raconter ! Les histoires merveilleuses. Les aventures excitantes. Les gens qui ont peuplé son existence et les accidents de route. Sam veut remonter dans le passé. Aimer une personne plus âgée que soi c'est s'offrir de la science-fiction. Aller chercher l'autre dans un monde perdu, fini, d'autrefois, sous un ciel rouge sang, sur une planète déserte. Sam veut la ramener ici. Ni jeune, ni vieille, ni belle, ni moche, l'être aimé est transparent, une vitre où tu laisses ton haleine de désir. Tu dessines avec ta buée. Tu écris tes mots d'amour. Ce n'est pas parce que tu es belle que je suis amoureux de toi mais c'est parce que je suis amoureux de toi que tu es belle. Sam n'est pas son ami, ni son amant, il ne sera pas son mari évidemment, il sera sa maison. Deux plus deux bras. On fait des murs et on fait un toit. Sam se rappelle le jeu d'enfant et sourit. Il est au bord du trottoir, il va traverser la rue, aujourd'hui il n'assistera pas au défilé.

Mais les lycéennes déferlent dans la rue, accompagnées de lycéens, chose rare, certains sont en uniforme, d'autres non, on dirait qu'il y a aussi des garçons plus âgés, des étudiants de la faculté. Ils lancent des slogans, brandissent des pancartes, tiennent droit des banderoles, distribuent des tracts aux passants. Le trafic est perturbé. D'habitude les bus et les voitures laissent avancer les écoliers, s'arrêtant ici, contournant là, faisant fi des codes routiers. Aujourd'hui coincés dans la manifestation, agacés, ils klaxonnent et insultent tout ce qui ne bouge pas.

Par intermittence Sam aperçoit Sophia qui lui fait signe, de la tête, de la main, puis se jette au milieu de la foule, qui l'emporte à gauche, puis à droite, la balance et la ramène mais elle avance encore et finit par traverser la route.

— Mais qu'est-ce qu'ils veulent ?

Ils n'ont pas besoin de prologue, ni d'introduction élaborée, ils partagent très peu de mots en commun et se comprennent instantanément.

— Les jeunes sont très en colère. Les femmes de basses castes abusées au travail. Violées.

Le mot *viol* le fait rougir. Sam préfère ne pas évoquer ces actes obscènes, violents. Il lance un regard oblique vers Sophia. Il veut s'en aller, assez vu pour ce matin, il veut trouver un refuge, un endroit digne pour accueillir Sophia.

Sophia, elle, n'a pas l'air de s'ennuyer. Elle essaie de lire les pancartes. Les slogans sont écrits en langue locale, aussi en anglais. Elle scrute les manifestants, elle a l'impression d'avoir reconnu les étudiants avec qui elle avait discuté un soir dans une échoppe de thé. Ceux qui lui avaient parlé des photographes, ou des écologistes, elle ne s'en souvient pas précisément.

— Nous sommes loin de l'Ashram non ?

— Oui, mais pas tant que ça.

— Et le Fleuve est là, ici aussi ! Comment ça se fait ?

Il sera toujours là, où que tu ailles. Le Fleuve entoure le pays comme un sari interminable. Il le cache ici, le dévoile là. Le Fleuve enserre le pays comme un serpent énorme, tu ne vois pas la tête, tu ne verras pas la queue, tu apercevras ses courbes, ses mouvements comme des coups de reins paresseux. Il t'envoûte comme un python. Tu ne crois pas qu'il vous ensorcelle tous ?

— Mais il sort d'où ? Du nord ? Il va où, au sud ? À l'est ou à l'ouest ?

À quoi ça te servirait de savoir où va le Fleuve ? Il suit son chemin circulaire. Il repart, revient, il fait ce qu'il veut. Comme une chanson.

Sam entraîne Sophia sous le pont routier. C'est ici qu'il s'est installé depuis le raid au bord du lac. Un squat géré par les gamins du quartier. Sophia n'observe plus le décor, les chiffons et les plastiques pendus. Quelqu'un a accroché une bâche, large et noire, fier de posséder le plus beau coin parmi la crasse et la moisissure.

Sam enlace Sophia. Lui enlève une boucle du front. Il a vu faire pareil dans un film, dans un tas de films. La boucle blonde revient, rebondit. On dirait un mouton. Sam regarde son mouton doré. Puis ose l'embrasser.

Sophia est amusée. Elle observe Sam comme si à chaque seconde elle pouvait repérer un changement, une évolution rapide dans son caractère. Comme si cela pouvait ressembler à de la supercherie si elle ne le surveillait pas.

Des deux côtés du pont routier la foule scande des slogans, avance vers quelque part, le trafic aussi, lentement.

Les amis de Sam veulent reprendre leurs activités journalières. Du trottoir certains les découvrent, enlacés. Ah les porcs ! Ce sont des cochons ces deux-là ! Aucune gêne. Aucune pudeur. Ils s'esclaffent.

Ils ne voient pas les murs faits de bras. Le toit aussi haut que les rires.

Les amis de Sam s'en vont, les laissant à leur affaire.

— Reviens à l'hôtel ! Ce n'est pas un endroit pour toi, ni pour personne d'ailleurs.

Sam ne lui répond pas. Il ne déteste pas son indépendance. La vie à la rue comme autrefois. Avant qu'il ne la rencontre. Ils s'assoient par terre, adossés au pied du pont. Des deux côtés les hémisphères d'une soucoupe volante.

Son regard lui dit qu'elle est belle. Elle secoue la tête. Plus elle déniera, plus il insistera.

Sophia pourrait dire que ce n'est pas si grave au fond si elle n'est pas belle. Si elle faisait l'unanimité, si elle ressemblait à ses amies, si son visage suivait les lignes familières et offrait le rêve d'un bonheur paisible, elle ne serait pas venue ici. Elle serait alors installée au foyer conjugal, à bercer ses enfants et son époux d'un amour quotidien, plein de quiétude. Certaines filles gagnent le gros lot en se permettant tous les caprices. D'autres, en offrant leur vertu, en faisant une proposition honnête. Sophia court sur des dents de scie, d'un extrême à l'autre. Si elle ne cherchait pas à tenter le diable, si elle se contentait de jongler avec les vertus et les vices opportunément, si elle se contentait d'être une petite crapule bien mignonne, elle n'aurait pas alors quitté sa ville natale, son pays natal, elle n'aurait pas alors traversé des kilomètres, des mers et des océans à la recherche d'un regard aimant.

Elle ne dit rien. Les mots, elle en a eu assez. Elle savoure le silence. Et bientôt les caresses.

Rentrés à l'hôtel, Sam se met à faire du ménage dans leur chambre, Sophia va sous la douche. Elle veut effacer de sa peau l'odeur de l'huile, le souvenir des mains du masseur. Sam observe la chambre, les meubles, la vaisselle. Il est surpris d'avoir vécu ici, des semaines, à jouer le mari et la femme avec une étrangère. Dans la rue il était de nouveau sous l'emprise blonde. Comme un feu follet elle est apparue au milieu du marais humain, et avec elle les vieilles histoires fantomatiques.

Maintenant, à l'intérieur de quatre murs, il reconnaît l'absurdité de leur situation. L'amour suit-il les lois spatio-temporelles ? Les règles d'une géométrie variable ? Est-il possible qu'il monte comme une vague haute et droite à un endroit, s'efface ailleurs ?

Il arrête de s'affairer. Ceci n'est pas une maison. Il va vers la fenêtre, guette la rue, essaie de deviner ce qui s'y passe. La manifestation est partie loin, la route est jonchée de tracts abandonnés, le trafic est redevenu normal.

Il se demande où se trouvent ses copains, quel projet ils ont entrepris pour le jour. Ils lui manquent.

Sophia sort de la douche, soulagée, presque gaie. Elle attend que Sam se lave lui aussi, qu'ils déjeunent ensemble, que le reste de la journée reprenne le rythme d'autrefois. Il a grandi encore, elle a l'impression. Les adolescents vivent en années chiennes.

Sam se lève, vient vers Sophia, au milieu de la chambre, comme sur les planches du théâtre, sur la croix dessinée à la craie. Il l'a vu un tas de fois dans des films mais il ne sait pas comment l'imiter, comment quitter une femme.

Sophia ne croit pas ce qu'elle voit. Son dernier secours, son mobil-home, son Sam n'est plus là lui non plus pour elle. La brindille n'a pas les épaules pour la soutenir. Il a la tête ailleurs. Comment ils finissent tous par en finir avec elle ! Elle baisse la tête, puis la relève.

— Je veux retourner à l'Ashram. Je te cherchais pour que tu m'y accompagnes. Tu peux ?

C'est donc ainsi, cela se passe sans drame, sans douleur, presque imperceptible, la femme vous enlève les mots de votre bouche, elle vous comprend et ne vous demande plus de l'aimer, elle détourne le sujet, et vous embarque dans une nouvelle aventure ? Cela ne finit donc jamais ?

Debout devant Sam, Sophia se souvient soudain. La nuit dernière, comme une douce revanche, Markus est apparu dans son rêve. Assis dans un fauteuil, il avait l'air doux, attendri, il lui a demandé de venir près de lui, lorsqu'elle s'est approchée Markus a ouvert sa bouche, a sorti sa langue, l'a mise dans la bouche de Sophia, et elle l'a saisie avec toute sa force, l'a attirée si violemment que la langue de Markus s'est étirée, rouge, vibrant, dépassant le bureau devant lequel ils se trouvaient. Est-ce que je lui ai fait mal? Effrayée pour Markus elle s'est réveillée.

— Alors tu m'accompagnes?

Elle sait désormais que les souvenirs de Markus lui resteront sous la peau comme des éclats d'obus.

Retourner à l'Ashram, c'est retourner sur les traces de Markus. Un terrain miné prêt à exploser. Et si pour guérir c'était le seul moyen? Revenir en arrière, reprendre la même trajectoire avec une bifurcation différente, l'effacer ensuite, pour retrouver un chemin vierge.

Elle en a assez de ces errances, de l'incertitude, de la crasse partout. Sophia veut retrouver le cadre dessiné, réglementé, son seul repère dans ce pays.

Elle pourrait même se payer le cercle d'élite à l'Ashram, séjourner dans l'aile protégée derrière les hautes haies. Elle détiendrait enfin la clé du pouvoir, inverserait le jeu de rôles. Une expérience Club Med Spirituel, au rythme des corps en transe, pas n'importe lesquels mais les plus beaux, les plus riches, les plus puissants. Les VIP : Virile & Instant Partners. Avant de rentrer chez elle, elle se doit bien cette petite revanche.

Sam finit par prendre une douche rapide. Sophia rassemble ses affaires dans une petite valise. Ils inspectent tous les deux la chambre.

— Nous prendrons le train ou le bus?

— Je demanderai à un ami, chauffeur d'autorickshaw, de nous déposer.

En fermant la porte, en descendant pour rendre la clé

à l'accueil puis en réglant la facture, Sophia pense que chacun de leurs rendez-vous était un adieu. À chaque fois ils ont trouvé une nouvelle façon de se le dire. Fébrile, violente ou lasse. Puis dans l'acceptation de soi et dans l'acceptation de l'autre. Ils se regardent, et ils se sourient pour ne pas pleurer.

*

— Ils vous cherchent. – Le manager a l'air perturbé.

Deux Safrans attendent devant la porte. Le maître d'hôtel ne les a pas laissés entrer, il monte la garde.

— Ils vous ont dit quelque chose ? – Sophia se souvient du raid et demande à Sam de quitter discrètement les lieux. Sam est déjà au fond du couloir avant qu'elle ne termine sa phrase.

— Rien. Mais comment vous les connaissez, vous ? – Le manager est tantôt inquiet pour Sophia, tantôt saisi soudain d'un sentiment de trahison. Cette hippie délurée est donc du côté de ses ennemis !

Sophia n'a plus le temps de le rassurer. Elle avance vers les deux Safrans.

— Alors ? Comme ça, on se cache dans un bordel ?

— Comment allez-vous ? Je voudrais retourner à l'Ashram.

Le ton apaisé ne leur convient pas. Les caïds ne veulent pas rater l'occasion de jouer aux caïds. L'Assistant était formel : il faut ramener la Blanc à l'Ashram, il faut montrer un exemple, qu'ils passent au peigne fin la région.

Une blonde, accompagnée d'un adolescent : une

goutte d'or dans l'amas d'argile. Pas si difficile de tomber sur des gens pressés de raconter leur version de l'histoire, d'une gare à l'autre, d'un quartier à l'autre, les rétines balafrées par l'éclair.

— On fait moins la maligne, hein !

Les deux Safrans l'attrapent par les bras.

Mais lâchez-moi, ce n'est pas la peine, j'y vais de mon plein gré, Sophia a envie de leur dire, mais visiblement ils veulent se donner en spectacle. Ils sont un peu laids, un peu rustres comme Safrans, des hommes à tout faire, des larbins de l'Ashram, jamais mis les pieds au Cercle, jamais goûté à la chair précieuse.

Sophia a beau renoncer à se débattre, ses ravisseurs continuent à la malmener. L'un l'attrape par la taille, l'autre laisse son souffle chaud sur sa nuque. Elle a honte. Les passants et les commerçants la regardent. Ils l'ont souvent aperçue dans le quartier ces deux derniers mois, certains ont échangé des mots de politesse avec elle. Est-ce une voleuse ? Prostituée ? Folle ? Être blonde et blanche ne peut pardonner l'impardonnable.

— Oui, oui, c'est une voleuse. C'est une putain. C'est une folle aussi. Elle est douée, notre blonde. Une véritable touche-à-tout.

Les Safrans rient. Quelques passants aussi.

— Estimez-vous heureuse que les Safrans-Noirs ne soient pas là. On vous a épargné le pire.

Une Jeep attend au bout de la rue. Le chauffeur toise la captive.

— Démarre ! les Safrans lui crient.

*

À l'accueil vide, l'Assistant surgit de nulle part. Il dévisage Sophia un instant, puis éclate de rire. Évidemment, elle se sent humiliée. Elle bredouille quelques mots d'excuses, d'explications.

— Vous vous croyez si singulière ! Vous n'êtes ni la première ni la dernière personne à s'évader. Cela vous prend comme ça, à vous tous, une lubie. Vous débarquez ici, vous êtes bouleversés, puis un beau matin vous disparaissez. Comme si nous étions des monstres. Comme si c'était une prison ici.

Ce sera donc ainsi. L'homme la comprendra, la pardonnera, la grondera comme une petite fugueuse, puis tout rentrera dans l'ordre. Les chants d'oiseaux à l'aube, l'eau fraîche du bassin, les plats de légumes et de céréales, les écorces au toucher si varié des arbres dont elle ne connaît toujours pas les noms, et l'herbe sous les pieds nus, et le soleil, un soleil si vieux, si près, qui continue à brûler la terre même pendant la nuit.

Sophia se sent soulagée, presque reconnaissante.

— Mes affaires sont ici. Je peux reprendre mon habit de Blanc ?

— Non, en revanche, les choses se passeront différemment, maintenant que vous êtes de retour.

L'Assistant hèle un Safran, qui vient accompagné de deux Verts. Ils emmènent Sophia dans l'aile des élites, de l'autre côté de la pelouse. Sa joie est furtive, puisqu'elle comprend qu'elle est placée en confinement solitaire. La porte n'est pas fermée de l'extérieur, mais d'emblée Sophia sait qu'elle ne franchira pas le seuil sans autorisation.

L'Assistant revient inspecter sa chambre, lui indiquer les nouvelles règles. D'abord, les félicitations s'imposent. Sophia est promue en Vert. Étonnée ? La p'tite Sophia ? Émue ? Heureuse ? Attendez la suite. Vous êtes promue en Vert car vous êtes une revenante. Vous avez prouvé votre fidélité, votre dévouement, qui plus est votre besoin de l'Ashram. Vous auriez pu quitter ce pays, vous auriez pu rentrer chez vous, mais non, vous ne l'avez pas fait. Pourquoi ? Qu'est-ce qui vous aimante ainsi, Sophia ? Interrogez-vous. Vous aurez tout le temps puisque vous allez le passer seule. Sauf aux moments où nous aurons besoin de vous, et que dis-je, vous aussi vous aurez besoin de nous.

Les deux Verts gloussent, l'autre Safran les réprimande en voix off.

— Eh oui, ma chère Sophia. Vous allez découvrir le Cercle à l'intérieur du Cercle. Nous avons ici une autre étrangère comme vous, qui croit être la réincarnation d'une célèbre Devdasi du XVIIIe siècle. Elle chante et danse habillée uniquement de bijoux devant notre Guru. Et vous, Sophia, vous vous prenez pour qui ?

— Je me prends pour moi-même et cela devrait suffire largement.

Sophia est si agacée qu'elle surmonte sa peur.

L'Assistant permet une petite rigolade entre les Verts et le Safran.

À vrai dire cette promotion ne lui plaît pas du tout. Elle a l'impression d'avoir perdu sa virginité en perdant l'habit Blanc. Le Blanc était son lien avec le dehors, la possibilité d'y retourner, une passerelle, la preuve de son innocence. Avec le Vert elle devient définitivement d'ici, elle fait partie de la clique. Elle sera impardonnable. Plus aucun chemin de retour. Les portes se ferment.

D'autres règles sont expliquées. Le soir tombe. Sa vie en Vert commence avec l'éclipse lunaire.

*

Plus aucun contact avec les femmes, d'aucune couleur. Les mâles, Verts et Safrans exclusivement, aucun Blanc non plus, lui apportent les repas, les habits de rechange, commentent et complimentent quand elle fait sa toilette. Tout au long de la journée ils lui servent de la boisson.

Plus de devoirs à accomplir, ni pour soi ni pour les autres, plus de tâches ménagères, courses, cuisine, nettoyage, plus de travail, de revenus, d'angoisse pour les revenus, plus de conversations futiles, plus de sociabilité fadasse, soporifique. Revenir à l'essentiel. Se soumettre et en être heureuse, débarrassée de toute pensée, de toute parole. Au Cercle du Cercle personne ne prêche le discours spirituel. Ils sont passés de l'autre côté des choses, parmi les nantis. Les époux éphémères.

Les noces commencent sans rituel.

Les têtes penchées les unes vers les autres comme des arbres ivres avant l'orage. Personne n'embrasse personne. Les lèvres s'accrochent à la chair comme des sangsues. Parfois ils sont brusques, la prennent par-derrière debout devant la porte. Parfois l'un la prépare, lent et vorace, tandis que les autres observent. Ils lui chuchotent murmurent hurlent des mots lui donnent des ordres. L'écartèlent simultanément par toutes les trois bouches. Les cactus poussent dans le corps de la femme. La peau est trouée. La peau est bientôt poreuse. Les hommes entrent de partout. Debout, assise, accroupie ou traînée par terre à quatre pattes. Un mille-pattes crapahute du sol au plafond. Se cogne contre le mur et fait vibrer la carcasse bétonnée. Plus de douleur Que du plaisir. Plus de peur Que du plaisir. Corps couvert de bleus et d'écorchures. Aucun mal que du plaisir proche de la nausée Putain Oui Yeah Don't Stop ! Au lieu de vomir elle leur crie dessus elle aussi. On ne sait plus qui dévore qui. Les hommes viennent se noyer ici. Dans le marécage plongés les arbres bientôt morts.

Malgré les douches, son corps préserve l'odeur du foutre si variée si entêtante qu'elle cesse de se laver, de plus en plus avide, de plus en plus addict elle aussi. Le seul à lui tenir compagnie dans son isolement, durant le jour, en attendant la nuit, le parfum d'amour.

L'arrière-cour de chez Ranjit Singh Rana abrite un jardin. Un banyan au milieu, entouré de sals, manguiers, cocotiers, palmiers, bananiers dont les branches sont saisies par les grimpantes et les troncs frôlés par les arbustes à fleurs blanches, de rose, muguet, magnolia, jasmin, jacinthe et gardénia, où toutes les autres couleurs de toutes les autres fleurs sont absorbées pour laisser apparaître une seule et unique couleur, celle de l'innocence, c'est la couleur d'autrefois, avant toutes les choses et au début de toutes les possibilités, où en fermant les yeux on peut suivre les parfums enivrants, sentir l'herbe fraîche sous les pieds nus, effleurer le feuillage et plonger la main dans la mousse épaisse accrue sur les murs d'enceinte et entrer là dans le cœur d'une forêt d'où émane nuit et jour une lumière verte, presque bleue.

En cette après-midi de juin, l'air a perdu son haleine brûlante, il est maintenant chargé de l'odeur de la pluie qui arrive.

Depuis le porche, Ranjit Singh observe ses pensionnaires, comme il aime les appeler. Deux jeunes femmes blanches arrosent les plantes. Elles ne ramassent pas les feuilles mortes, ni les fleurs fanées. Entre les branches et le sol les saisons circulent sans entrave, mettant en évidence le contraste entre ce qui naît et ce qui meurt, sans grand drame, à quelques nuances près.

Psychiatre spécialisé dans l'accompagnement des touristes étrangers en détresse, Ranjit Singh n'aime pas se présenter en évoquant son métier et préfère se voir comme un missionnaire, un activiste pour une organisation caritative fictive dont il serait le membre unique. En attendant de trouver les interlocuteurs dans le circuit consulaire qui seraient sensibles aux cas de ses patients, drogués, dépressifs, victimes de la dérive sectaire, il les accueille chez lui. Leur parle, les écoute quand ils veulent bien se confier à lui, essaie de les raisonner. Un mentor athée en quelque sorte.

Il veut obtenir leur rapatriement. Mais il n'est pas aisé de convaincre un diplomate de prendre une décision si intrusive. Ni les consulats ni le psychiatre ne détiennent le chiffre exact des étrangers en quête spirituelle dans ce pays, mais personne n'ignore qu'ils sont nombreux.

Mais comment peuvent-ils se mettre dans une telle situation ? Ranjit Singh demeure perplexe. Les pauvres ici, sans éducation, malmenés, manipulés, il peut les comprendre. Mais les hommes et les femmes nés dans des pays riches, vivant dans des sociétés ultramodernes, comment peuvent-ils se livrer de leur plein gré aux filets des charlatans, comment peuvent-ils se laisser duper, dévaliser, et dans des cas extrêmes, exploiter sexuellement – Ranjit Singh cherche des explications psychosociales, postcoloniales, collectives et individuelles. Il en reçoit tant dans son cabinet, de ces foudroyés ! Fous de Dieu. Fous de pays.

Ses amis et ses collègues n'apprécient guère son discours. La plupart sont chauvins et fiers de l'être. La politique nationaliste du moment est une aubaine pour eux, pour faire briller les noms de leurs compagnies à l'étranger, pour générer du cash, pour profiter de chaque contrat commercial signé entre le gouvernement et les pays étrangers. Seul un traître voudrait ternir l'image de son pays. Certains soupçonnent Ranjit Singh de mener secrètement des actes séditieux.

Le missionnaire soupire, rentre dans le salon. Il va assister à une soirée cinéma, organisée par l'une des ambassades qu'il vise en ce moment. Il abordera un diplomate ici, un spécialiste orientaliste là. Pour sauver les âmes perdues, comme il les appelle, il a besoin d'alliés, parmi ses compatriotes, parmi les expatriés.

Il aperçoit son reflet sur la grande baie vitrée. Sculpté droit comme un eucalyptus, les cheveux argentés comme la moustache, posée sur le visage fin et beau, la touche finale délicate à son allure princière. Il se regarde et il sourit.

Comme à chaque fois, cette après-midi aussi il se sent porté par une énergie renouvelée. Derrière son élan se trouvent un visage, une silhouette. Célibataire endurci, il n'a pas un cœur d'artichaut mais un potager entier d'artichauts. Comme à chaque fois, il veut aller vers une inconnue, pour sauver une femme perdue, encore une fois, mais qui a quelque chose de plus, quelque chose qui le fascine, qui le hante, ne perturbe pas son sommeil mais le parsème de confettis de rêveries douces, délicieusement troublantes. Elles l'accompagnent durant la journée, comme tout à l'heure, lorsqu'il contemplait ses deux rescapées se promenant dans les feuillages.

Il ne les touchera pas. Non pas par une quelconque éthique professionnelle ou à cause de ses valeurs morales, mais parce qu'il ne touche jamais une femme. Il préserve l'innocence du premier jour, les contemple, les désire et il laisse son corps le transporter vers la jouissance. Être maître de son propre plaisir, du début jusqu'à la finition, c'est régner sur un royaume peuplé de sujets imaginaires et infinis.

Tout à l'heure il ira chercher un nouveau sujet. Plaider sa cause, obtenir les moyens de sauvetage.

Il a aperçu Sophia un matin au bord de la route, quand son chauffeur est allé chercher des cigarettes, profitant de l'embouteillage causé par une manif d'étudiants. Ranjit Singh aurait aimé descendre, faire quelques pas avec les manifestants, ses souvenirs de jeunesse lui serraient la gorge. Il les a contemplés, nostalgique. Puis il a remarqué *la tête d'or*, la silhouette fine de la femme, une étrangère à l'air familier. Elle ne se tenait pas droite, trébuchait, se heurtant à des rochers imaginaires, ballottée par la marée humaine.

Un agent de trafic s'est précipité vers elle avec sa

matraque. Ah les malheureuses ! Elles viennent tapiner jusqu'ici maintenant. Puis vue de près, il s'est excusé. Peu probable qu'une Blanche se prostitue ici sur la route. Peut-être perdue, en état d'ébriété. Le temps qu'il l'attrape par le bras, Ranjit Singh est sorti de la voiture pour intervenir.

Malgré la circonstance il n'a pas pu s'empêcher de remarquer ses lèvres pulpeuses qu'elle léchait souvent, ses yeux brûlants, deux brasiers, puis ses seins, puis ses fesses. Au bout de cinq cent cinquante millisecondes à peu près – le temps nécessaire à son flux nerveux électrique qui circulait à la vitesse habituelle, à trois cents kilomètres à l'heure donc, pour envoyer le signal à la région orbitofrontale du cortex, dans la zone située au-dessus des orbites de ses yeux –, Ranjit Singh Rana a senti Sophia désirable. Un hasard de la nature, ses courbes. Économes ici, généreuses là, un vrai caprice. Ses fesses, plutôt son cul, car si petit, si compact, et bombé, ça ne fait qu'une unité, pas plus, rivalise avec ses seins. Ranjit Singh se rappelle le vers du poète : *Tes seins sont les seuls obus que j'aime.*

Sophia ne portait aucun signe ostentatoire de son attachement spirituel, pourtant Ranjit Singh l'a reconnue. Une paumée. Une de plus. Folle de quel dieu ? Cela ressemblait plutôt à une affaire humaine mal tournée. La part spirituelle en catalyseur. Un prétexte.

Il n'a pas eu le temps de lui parler, un gamin de la rue l'a entraînée avec lui. Ou c'est elle qui s'est précipitée vers lui. Ranjit Singh ne peut pas trop lui en vouloir car grâce à ce garçon il a découvert le nom de la fille.

Sophia ! Sophia ! Il criait et secouait ses mains comme à une noyée.

Depuis, le nom est resté dans sa tête avec les lignes et les courbes, comme la traîne d'une robe de mariée.

Ce soir, il veut obtenir un accord. Trop d'errants dans la ville. Trop de mythologies autour de l'Ashram.

*

Le raid a lieu une semaine plus tard.

Le Guru, par ruse ou honnêtement dépassé par la situation, ne fait que vociférer des malédictions et des menaces extravagantes, non sans une certaine imagination audacieuse. Il revient à l'Assistant de défendre le site face aux interrogations des officiers d'investigation.

Ranjit Singh n'a pas perdu son temps. Le lendemain de la soirée, la bouche encore fade de la beuverie de la veille, il a appelé son ancien camarade de classe, frère d'armes des batailles perdues, désormais officier gradé au Bureau central d'investigation (CBI). Pratap Chand se demandait quel motif raisonnable il pouvait présenter à la hiérarchie pour obtenir un mandat de perquisition.

Possession de drogue ? Allons ! Qui ne fume pas du haschisch, ne picole pas du *bhang* pendant les fêtes religieuses dans ce pays ? Quel guru, quel ashram ne les offre pas, accompagnés de leurs bénédictions, aux pèlerins comme aux agents de police placés pour surveiller les rassemblements spirituels massifs ? Les fumées de drogue font partie intégrante des nuages bas et sales de ce ciel.

Prostitution ? Abus sexuel ? Bonne chance ! Les adeptes sont elles-mêmes et eux-mêmes accros, consentants, insatiables.

Travail des mineurs ? Elle est bonne celle-là. Pas de sondage à la portée, mais d'innombrables métiers en plein jour sont maintenus grâce à la main-d'œuvre infantile.

L'unique recours est d'utiliser la présence des étrangers. Même consentants, avec un peu de pression consulaire, il est possible de prouver la manipulation morale. La barrière linguistique, le décalage culturel comme un motif de mensonge délibéré, d'abus de faiblesse. En gros il faut prouver que les dirigeants autochtones de l'Ashram et les adeptes étrangers ne se comprennent pas, ainsi leur consentement devient caduc.

Mais cela risque de dépénaliser l'Ashram, de décriminaliser les dirigeants ! Puisque personne ne s'est compris, ceci n'est qu'un énorme malentendu.

Qui ne tente rien n'a rien ! Et c'est lancé.

Durant l'intervention du CBI, les Safrans, les Verts et les Blancs se rassemblent sur la pelouse, se tiennent par la main, forment un lotus. Quelques agents du CBI s'inclinent pour recevoir les bénédictions. Un des officiers les gronde, fait un signe sacré avec sa main droite en se touchant le front et donne des ordres.

Au total six étrangers sur cent treize occupants du lieu. Deux Américaines, un Canadien, un Australien, une Belge et Sophia. Aucun d'eux ne souhaite quitter le site. Sauf Sophia, qui hésite. Pratap Chand s'entretient avec elle en aparté. Il se souvient de sa discussion avec son ami psychiatre.

Sans la brusquer, il essaie de la persuader de quitter le site.

L'Assistant interrompt leur conversation. Il ne va pas permettre un enlèvement de chez lui sans broncher !

— Vous savez que ce qu'ils vous racontent est le fruit de leur imagination ?

— L'effet de la drogue vous voulez dire ?

— Je conviens que le choc culturel les bouleverse, altère leur conscience, beaucoup d'entre eux souffrent d'hallucination, de schizophrénie...

— Allons, allons, vous ne me ferez pas le coup du Fight Club hein !

Aucun agent du CBI ne remarque que la résidence située de l'autre côté de la pelouse, derrière la haie, est étrangement vide. Les occupants de cet espace-là se sont enfuis juste avant le raid, avertis par l'Ashram. Le gratin du Cercle, les hommes exclusivement, dont on ne connaîtra ni les noms, ni les professions, mais dont on devinera tout de même l'étendue du pouvoir.

Sophia facilite la tâche. Elle monte sans parler, mutique, sinistre, dans une des voitures de ses sauveteurs.

L'Assistant éclate de rire, lui fait un clin d'œil, une moins-que-rien, ridicule, on s'en fout de ce qu'elle fait, ça n'a jamais eu aucune importance, ça n'aura jamais aucune importance.

Pratap Chand ne s'attarde pas. Il sait qu'il a obtenu ce

qu'il pouvait obtenir aujourd'hui. Pour les autres, il faudra mener l'action auprès de chaque consulat, mettre la pression sur les politiques, ce sera un long combat.

Le convoi quitte le site. Le soulagement est palpable des deux côtés.

Dans la voiture Pratap Chand n'importune pas la rescapée. Il envoie un texto à son ami, se retient de relayer sur les réseaux sociaux son exploit, cela risque d'éveiller les trolls fanatiques. Même s'il sait que le chef de l'État délivrera dans les jours qui viennent un discours se vantant tour à tour de l'excellence de la haute institution qu'est le CBI et de la gloire de la religion, de la paix et de la tolérance dont il porte fièrement la couleur officielle. Et la tempête de merde, c'est-à-dire le cyber-cyclone, c'est-à-dire l'ouragan de vomissure sera déclenché.

Il jette un regard furtif vers Sophia.

Si Ranjit Singh ne l'avait pas repérée ce jour-là sur la route, si la route n'avait pas été bloquée par la manifestation, si les étudiants n'avaient pas organisé la manifestation, si les garçons du quartier n'avaient pas l'habitude d'assister au défilé des lycéennes, si Sam ne faisait pas partie de la bande, si Sophia ne s'était pas trouvée de l'autre côté de la route, si elle n'était pas allée à Body & Soul ce matin-là, si elle ne s'était pas perdue sur le chemin du retour, si elle n'avait pas été piégée par la foule, si elle n'était pas retournée à l'Ashram, si le flux nerveux électrique n'avait pas envoyé le signal à la région orbitofrontale du cortex de Ranjit Singh, si Ranjit Singh ne l'avait pas trouvée désirable, est-ce qu'elle aurait pu être sauvée ?

*

Une lumière verte, presque bleue émane nuit et jour du cœur de la forêt où, en fermant les yeux, on peut plonger la main dans la mousse épaisse accrue sur les murs d'enceinte, effleurer le feuillage, sentir l'herbe fraîche sous les pieds nus, saisir les grimpantes autour des branches et frôler les troncs des sals, manguiers, cocotiers, palmiers, bananiers et du banyan au milieu, on peut suivre les parfums enivrants des fleurs blanches de rose, muguet, magnolia, jasmin, jacinthe et gardénia, où toutes les autres couleurs de toutes les autres fleurs sont absorbées pour laisser apparaître une seule et unique couleur, celle de l'innocence, c'est la couleur d'absence, de silence, des choses sans passé et sans avenir, où les instants naissent et meurent sans laisser de trace, à quelques fragrances près.

Depuis le porche, Ranjit Singh observe Sophia, assise sous le sal de gauche. Son visage est sans expression. Il sent qu'elle reste en retrait, résignée. Elle s'est laissé recueillir par lui sans résistance. Il a trouvé un nouveau projet, une nouvelle mission, une noble cause. En attendant le rapatriement imminent de Sophia, il essaie de percer le mystère, les raisons et la déraison derrière un tel abandon de soi.

Plus il la regarde, plus il a l'impression que, comme une petite effrontée, c'est elle qui a ouvert la porte du grenier, avide de curiosité. Raconte-moi une histoire ! Fais-moi frissonner !

Pétrifiée, maintenant, elle n'éveille pas de pitié, de compassion. Cassée, en mille morceaux, elle se tient encore debout. Ranjit Singh ne ressent aucune envie de la consoler, de la réparer. Le désarroi de Sophia est fascinant comme spectacle. Seule sur les planches, elle peut divertir la salle entière.

Appelez-moi par mon prénom. Tutoyez-moi. Allons déjeuner ensemble. Voulez-vous marcher un peu avec moi ?

Il a envie de lui dire. Il sait qu'il faudrait qu'elle parte dès que possible.

Elle le trouble et il savoure ce moment, laisse son corps se dresser, monter vers le bonheur. Le bonheur est l'idée du bonheur. Une projection dans l'avenir. Une passerelle jetée vers demain. Le bonheur est un malentendu.

Sophia arrive à l'aéroport sans entrave. Le chauffeur de Ranjit Singh l'accompagne jusqu'où il est autorisé à l'accompagner. Elle se fait une place parmi les voyageurs.

Sur les écrans de télévision posés tous les cinquante mètres elle repère le chef de l'État dans les bras de son homologue américain, sur l'estrade d'un gigantesque stade de football au Texas rempli à ras bord. L'évènement est organisé par plusieurs groupes de la Silicon Valley, avec l'aide des réseaux de communication outre-mer de la milice et du parti. À l'extérieur, des milliers de manifestants issus de la diaspora avec leurs pancartes bravent les forces de l'ordre. La caméra ne s'y attarde pas, zoome sur l'accolade des deux chefs d'État, la barbe blanche de l'un et la tignasse jaune de l'autre servant de points de repère parmi la foule en extase. Certains voyageurs s'arrêtent devant les télés pour faire une capture d'écran.

Les yeux ouverts, Sophia ne regarde rien, ne voit rien.

Les voix dans une multitude de langues diverses bourdonnent autour d'elle, traversent la bulle transparente dans laquelle elle se réfugie. Deux familles de compatriotes s'installent à côté d'elle. Deux jeunes bronzés, en sarouel, tee-shirt et tongs identiques, on dirait des jumeaux, tiennent à la main des souvenirs, un bric-à-brac plus encombrant que leurs sacs à dos. Un couple de sexagénaires bavarde.

Malgré elle, Sophia finit par capter des bribes de leur conversation. Comment réagiraient-ils si elle leur racontait son expérience ? La croiraient-ils ? Eux si émerveillés par leur séjour dans un ashram paradisiaque, à faire de la méditation et du yoga, à manger sur des feuilles de bananiers, à boire de l'eau de coco, régénérés, requinqués corps et esprit, prêts à affronter les défis quotidiens une fois rentrés chez eux !

Vous êtes tombée dans un repaire de bandits ! C'est ce qu'ils diraient.

Sophia se rend compte que si elle est saisie de chagrin, ce n'est pas d'avoir fait une mauvaise expérience, mais parce que celle-ci s'achève. Elle ressent un immense vide. Elle se sent si creuse que le vent pourrait passer à travers son corps.

Le réveil sera douloureux, lui a dit le psy. Et que disait Markus déjà ? La brume dans son cerveau a avalé les mots. Ne lui reste-t-il plus rien ? Qui était Markus ? Où sont le Guru, l'Assistant, les Safrans, les Verts et les Blancs ? Plus abstraits qu'un cauchemar, plus loin que l'horizon, s'effaceront-ils à jamais de sa mémoire ?

La tristesse l'envahit comme de la poussière de terre tombant à verse sur son cercueil.

Enfermée, l'air lui manque, elle étouffe et donne des coups de poing et des coups de pied contre les parois du cercueil comme Uma Thurman dans le film de Tarantino.

Sophia s'arrache à sa somnolence malsaine. Maaah... De sa gorge le son jaillit avant qu'elle ne soit consciente qu'elle veut appeler sa mère. Mère ! Mon petit père ! L'une n'est plus là, l'autre n'a jamais été là.

Elle se lève, traîne sa valise et entre dans une cafétéria.

Trente-cinq ans. Quarante ans. Quarante-cinq. Pour aimer il fallait être à l'heure, ma chère Sophia ! Il aurait fallu arrêter le véhicule qui lançait des coups de klaxon moqueurs, qui te faisait des appels de phare, et l'homme à l'intérieur qui était prêt à t'aimer.

Est-ce qu'un homme a voulu t'épouser ? Te faire des enfants ? Te présenter à ses amis puis à ses parents ? Est-ce qu'il a voulu te tenir la main au marché du dimanche, s'émerveiller avec toi devant l'étal des fromages, est-ce qu'il a voulu te présenter à son épicier ? Réfléchis. Cherche sur la liste longue le nom que tu n'as pas encore rayé. À qui tu pourrais cacher ton visage souillé et montrer ton corps bientôt fauve. Un gentil loser. Un brave type. Un homme honnête.

Elle achète un café et un croissant et s'installe près de la grande baie vitrée.

En face d'elle la librairie-papeterie brille sous les néons.

Tous ces romans d'aérogare comme les broderies des

bonnes femmes d'autrefois, accrochées au mur de la maison de campagne, célébrant la vertu de la Vierge. Ils racontent des histoires d'autrefois, qui puent la naphtaline.

Reviens.

Évite l'arsenic, les barbituriques, le cyanure, évite les trains, les rails et leur éclat métallique, fais attention à ton sac à main. Ne va pas à Étretat. Installe-toi dans une grande ville. Entoure-toi de toits, de cheminées, de fenêtres, d'alcôves, de balcons, d'escaliers, même d'un mur qui bloque la vue et sur lequel s'acharne une plante grimpante.

Oui tu peux rester. Parce qu'il y a plus important que toi. Tout est plus important que toi. C'est justement pour cela que tu dois rester. Reste !

Entre la mort glorieuse du romanesque et la banalité de la survie, elle choisit la modestie. Survivre est un acte de modestie. Le choix des humbles. Des effacés. Des oubliés.

Elle deviendra comme ces hommes et ces femmes, ceux et celles qui vivent seuls, passent seuls leurs vacances et leurs week-ends, qui s'excusent presque d'être seuls quand on les croise dans la cour, un sourire embarrassé aux lèvres.

Quelques adolescents s'affairent près des comptoirs et des escalators. Que des garçons. Mal fagotés. Sophia comprend que ce sont des porteurs clandestins de l'aéroport, qui se faufilent entre les agents de sécurité et les voyageurs, portent les valises, aident les vieux, en échange de quelques billets.

La silhouette de Sam apparaît devant elle, si frais qu'elle pourrait sentir son odeur de printemps. Elle a très envie de sourire, elle pince ses lèvres alors que l'adolescent cède la place à l'homme. Markus est l'idée de Markus. Très peu de chair, visage et corps déjà fumeux. Sophia ne se souvient d'aucun mot, d'aucune parole, ni belle ni affreuse. Elle ne pense pas même aux caresses, réelles ou rêvées. Il lui reste juste un regard. Un regard qui aime, désire, puis libère. Rien ne commence, rien ne finit, une flamme verte dans les yeux comme un feu follet surgit à tout moment, vacille dans le vide.

Sophia regarde sa tasse, puis relève la tête. Les points d'interrogation dansent devant elle comme des hippocampes en parade nuptiale.

Dégoûtée, révoltée, par elle-même et par la clique religieuse païenne, rejoindra-t-elle le clan des réactionnaires ? Participera-t-elle à la manif pour tous avec une pancarte « Un papa Une maman » ? Que les adultères soient pendus ! Que la peine capitale soit rétablie !

Ou deviendra-t-elle avant-gardiste ? Fera-t-elle don de ses ovules aux couples homosexuels ? Deviendra-t-elle mère porteuse ? En fera-t-elle sa vocation ?

Dégoûtée, révoltée par elle-même et par elle-même seulement, s'inscrira-t-elle sur trois sites de rencontres d'affilée, et entre l'index et le pouce fera-t-elle défiler les hommes prêts à dîner, souper, bruncher dans un périmètre de dix kilomètres, vingt kilomètres, faute de choix – jusqu'à Copenhague ?

Ou pervertie, vicieuse et fière de l'être, proposera-t-elle dès le premier soir l'idée du mariage ? Léchera-t-elle les vitrines des boutiques de vêtements pour bébés ? Achètera-t-elle les dragées bleu layette et rose poudré pour les manger en route ?

Sophia n'en sait strictement rien.

Pour l'instant elle ouvre le croissant ramolli, le hume, en déchire un bout et le met dans sa bouche. Elle boit son café. Le soleil est éblouissant derrière la grande baie vitrée.

Bientôt, l'avion va décoller. Bientôt, la Terre te sera plus légère.

REMERCIEMENTS

Toute ma gratitude à mon éditeur Jean-Marie Laclavetine pour avoir accompagné mon texte avec sa bienveillance et sa patience infinies.
Mes sincères remerciements à la Région Île-de-France et aux professeurs et aux élèves du lycée René-Cassin pour m'avoir généreusement accueillie dans le cadre du Programme de résidences d'écrivains durant l'écriture de mon roman.
Je tiens à remercier les Éditions Gallimard pour toutes les contributions qui ont permis la publication de mon livre.

Composition : PCA
Achevé d'imprimer
par CPI Firmin-Didot
à Mesnil-sur-l'Estrée, en février 2024
Dépôt légal : février 2024
Numéro d'imprimeur : 178753

ISBN : 978-2-07-305442-5/Imprimé en France

624177